NHK BOOKS
1293

仏教を「経営」する
——実験寺院のフィールドワーク

kuramoto ryosuke
藏本龍介

NHK出版

はじめに

二〇〇八年九月某日、私は出家者として師僧たちと共に近隣の村に托鉢《たくはつ》に出た。ある家の前を通ると、おばあさんが、私たち出家者が通り過ぎるのをひざまずいて礼拝しながら見送っていた。雨季の終わりかけの時期、地面はぬかるんでいておばあさんのロンジー（ミャンマーの伝統衣装）は泥で汚れていた。在家者は出家者に対して白飯やおかずを布施《ふせ》するのが一般的である。しかしその日は布施できるものがなかったのかもしれない。私はその光景に少しショックを受けた。寺院に戻ってから師僧に相談すると、師僧はこう言った。「出家者としてやるべきことは、あのおばあさんの肩を抱いてあげることではない。自分の背中を通して、世俗的な幸せとは違う、超俗的な幸せというものがあるということを示してあげなければならない」

タータナ・ウンサウン寺院（一九八六年設立、以下タータナ寺院）は、ミャンマーで最も「律」に厳しい寺院の一つとして有名である。「律」とは出家者が守るべきルールを指す。一切の性行為・経済活動・生産活動が禁じられ、所有できるものも大幅に制限されている。その実態を調べるため私自身、この寺院に出家者として滞在した。そこで師僧から何度も注意されたのは、「在家者と親しくなるな」ということだった。このように在家者とのかかわりを極端に避けるような姿勢は、自分（出家者）たちの救いのことだけを考えていて利己的であるようにみえる。実際、この問題は上座部仏教と大乗仏教の違いにも大きく関わっている。では、「律」を遵守することによって、タータナ寺院はどのように社会に貢献しようとしているのか。その活動は実際にどのように展開しているのか。

＊

アメリカ人のデヴィッドは、長期にわたるアルコールと薬物への依存の末、ヤンゴンの路上で行倒れたところを拾われ、ヤンゴン近郊にあるダバワ瞑想センターにたどり着いた。「もうこれはおれにはは必要ない。だからお前にあげるよ」。呂律《ろれつ》の回らない口調でそう言って、デヴィッドは私に謎の薬を手渡した。デヴィッドを世話していたベトナム人のティラシン（女性修行者）がそれを私から奪い取ってゴミ箱に捨てた。後日、そのティラシンから送られてきたメッセージには、出家者姿のデヴィッドが薬の禁断症状で痙攣している動画が付いていた。「私は善行として、病人や困っている人の世話をしています。でもそこには執着や欲望があります。私はデヴィッドを重荷と感じ始めている。逃げ出したいとも思っている。でもデヴィッドは私の本当の先生なのです。だから私はこの善行を続けます」

ダバワ瞑想センター（二〇〇七年設立）は、ミャンマー最大の社会福祉センターである。「善行」という概念にもとづき、「瞑想をしたい人は誰でもいつでも受け入れる、必要があれば衣食住薬も無償で提供する」という方針をとる。その結果、全国から老人、病人、障害者、アルコールやドラッグの依存症患者、孤児、ホームレス、ボランティア、外国人など、様々な背景をもつ人々が数千人規模で集まっている。タータナ寺院の規律正しさに心酔していた私にとって、ダバワ瞑想センターの混沌は衝撃的だった。そこには人間の美しさ、醜さ、強さ、儚《はかな》さのすべてが詰まっているようだった。では、「善行」概念を通じてダバワ瞑想センターが実現したい世界とはどのようなものか。それは実際にどのように展開しているのか。

*

「このままいくと、二〇一八年末には資金が枯渇します」。松波龍源《りゅうげん》師からのメールには、シビアな現実が綴られていた。私が理事として経営にかかわっている寳幢寺《ほうどうじ》は、設立以来、毎月数十万円の赤字続き。寺院長である龍源師の私財を投じて補塡してきたが、いよいよ拠点としている道場の家賃すら払えなくなる事態が迫っていた。私は、道場を畳んで「拠点なき寺院」として再出発するしかないと考えていた。しかしもう一人の理事だったさゆりさんは頑なだった。「経営に関して、私たち理事が力不足であることははっきりしています。だからこそ、周りの人たちに頼りましょう。私たちの理念を理解し、経営に参画してくれる人はいないか、布施による支援をしてくれる人はいないか。私がみなさんに説明して回ります」

寳幢寺（二〇一七年設立）は、京都の今出川にある旧織物工場を拠点とする、およそ寺院らしくない寺院である。真言密教の僧侶である龍源師と、ミャンマー仏教研究者である私は、それぞれの経験から、仏教の魅力と可能性を感じていた。しかし現代日本において、その魅力が十分に認識されているようには思えない。その理由の一端は、檀家《だんか》制度に依拠した寺院経営のあり方にあるのではないか。こうした問題意識から、「即身成仏」という概念の再解釈を基礎として、現代日本に即した仏教の伝え方、寺院経営のあり方を模索している。では、こうした無謀とも思える挑戦はどのように展開しているのか。それは現代日本においてどのような意義を持ちうるのだろうか。

*

現在、世界中に広がっているすべての仏教の根拠は、今から二千五百年以上前、インドで活躍したゴータマ・ブッダ（釈迦牟尼仏《しやかむにぶつ》）の教えにある。しかしブッダの教えは決して固定的・一義的なものではない。「幸せ」とは何か。なぜ私たちの人生には「不幸」が訪れるのか。「幸せ」になるためにはどのように生きればよいのか。こうした問いに答えるべく、ブッダの教えは各時代・地域を生きる人たちによって、常に再解釈される可能性に開かれている。それはその都度、理想的な世界を「想像」するという営みにほかならない。そしてこの想像上の世界は、私たちの行動を動機づけ、方向づけることによって、現実の世界を「創造」していく。

このようにブッダの教えを再解釈することによって、新たな世界を想像／創造しようとする営みのことを、本書では「仏教経営」と呼んでみたい。一般的に「経営」とは、組織の目的を達成するために、ヒト・モノ・カネといった資源を獲得・所有・使用する営みとして定義できる。しかしこうした営みを行うためには、「何のために、どのように資源を獲得・所有・使用すべきか（すべきでないか）」といった規範が必要である。つまりどのような規範を策定するかが、経営という営みの要《かなめ》である。

では、仏教徒たちは実際にどのように仏教を「経営」しているのか。つまり、ブッダの教えの再解釈を通じてどのような規範をつくり出しているか。そこではどのような生き方や世界が想像されているか。それは様々なヒトやモノをどのように結びつけ、その結果、どのような現実が創造されているか。さらにその過程でブッダの教えについての解釈はどのように深化・展開しているか。

このように仏教は世界を想像／創造する一方で、世界の変容は仏教の新たな解釈を生み出していく。仏教は世界をつくり、世界は仏教をつくる。本書で明らかにしたいのは、このような意味における仏教と世界の相互構成的関係である。それは仏教史のダイナミズムに迫るための一つの手がかりにもなるだろう。

そのために本書では、先述したミャンマーおよび日本の三つの寺院を事例として取り上げる。いずれも、ブッダの教えの再解釈を通じて、試行錯誤しながら新しい世界を想像／創造しようとしている実験的な寺院（実験寺院）である。私はこれらの寺院に研究者・修行者・経営者としてかかわってきた。本書はこうした経験にもとづく人類学的記録である。

*

仏教学が文献学的手法を通じて「聖典（仏典）」に書かれた「教義」を研究するのに対し、人類学はフィールドワークによって「仏教徒」の「実践」を研究する。人類学では「仏教とは何か」という問いは、研究者ではなく仏教徒に委ねる。その上で「仏教が何をしているか」を問う。仏教徒の実践は、宗教／世俗、聖／俗、布教／ビジネス、形而上／形而下、精神／身体といった境界をまたいで、その「あわい」の中で展開している。それゆえに、初めからどちらかに軸足を置いて分析するような理論先行型の研究ではその実態を捉えられない。「あわい」でなにが起きているのかを明らかにするためには「現場（フィールド）」を見る必要がある。そのために人類学は参与観察にもとづくフィールドワークを不可欠な方法としている。

社会や文化の実態を知るためには、量的なデータだけでは不十分である。たとえば日本（人口約一億二千万人）には、「寺院」という名称をもつ仏教系団体が約七万七千あり、各仏教系団体が定めた資格を有する「教師」が約三十四万人いる（文化庁『宗教年鑑』二〇二三年）。一方でミャンマー（人口約五千百万人）には、寺院が約六万七千、出家者が約五三万人いる（宗教省『雨安居僧籍表』二〇一八年）。しかし日本とミャンマーでは「寺院」や「出家者」という用語がもつ意味が大きく異なる。いかなる量的データであれ、その意味を理解するためにはデータが埋め込まれている文脈についても理解する必要がある。また、何を調査すればよいのか、現地に行ってみなければわからないということが多い。現実の調査は、偶然に満ちている。人類学者を研究対象の深部へと導いてくれるのは、こうした偶然性にほかならない。

このように、人類学におけるデータ収集の手段は「私」という人間である。それゆえに、集めたデータには常に客観性の問題がつきまとう。第一に、私は私という「レンズ」を通してしか、世界を見ることができない。第二に、私の前に現れた現実は、客観的・普遍的なものではなく、私とフィールドの人々との関係性にもとづいている。たとえばあなたが今この瞬間にミャンマーに移動したとしても、私が見た現実を見ることはできない。この問題を抜本的に解決する方法はないが、幾分、和らげることはできる。それは私というレンズの特徴や、私がフィールドの人々とどのような関係を築いてきたのかということ自体も、データとして提示することによってである。そのような理由から本書では「自分語り」が多く登場する。また同様の理由から、本書の構成も私の研究遍歴に沿っている。その意味で本書は学術ノンフィクションとして読むこともできるだろう。

凡　例

一、**国名表記について**　「ビルマ」と「ミャンマー」のどちらを使うかは、政治的な立場を示すものと考えられることがある。しかし「ビルマ」と「ミャンマー」は、もともと話し言葉か書き言葉かの違いしかない。最近は日本でも「ミャンマー」が広く使われているため、本書では政治的な意味合いを抜きにして「ミャンマー」に統一する。それに合わせて国民を「ミャンマー人」、公用語を「ミャンマー語」と呼ぶ。ただし民族を指す場合は「ビルマ族」とする。また歴史的な用語についてはそのまま「ビルマ」を使う。

二、**ミャンマー語の表記について**　人名・組織名・地名・史跡名等の固有名詞については、一般に流布している表記法に従っている。それ以外のものについてはなるべく現地の発音を反映させる形で表記する。

三、**人名について**　組織名はすべて実名であるが、人物名についてはプライバシーの関係上、一部仮名を用いている。仏教の開祖については、ブッダ（仏陀）、釈迦牟尼仏、釈尊など多様な表現がある。これについては通常の文脈では「ブッダ」、インフォーマント（調査対象者）が尊称で用いている場合には「釈尊」と表記する。

目次

第三章　実験寺院・寳幢寺――「即身成仏」という理想　191

校閲　三枝みのり
ＤＴＰ　米山雄基

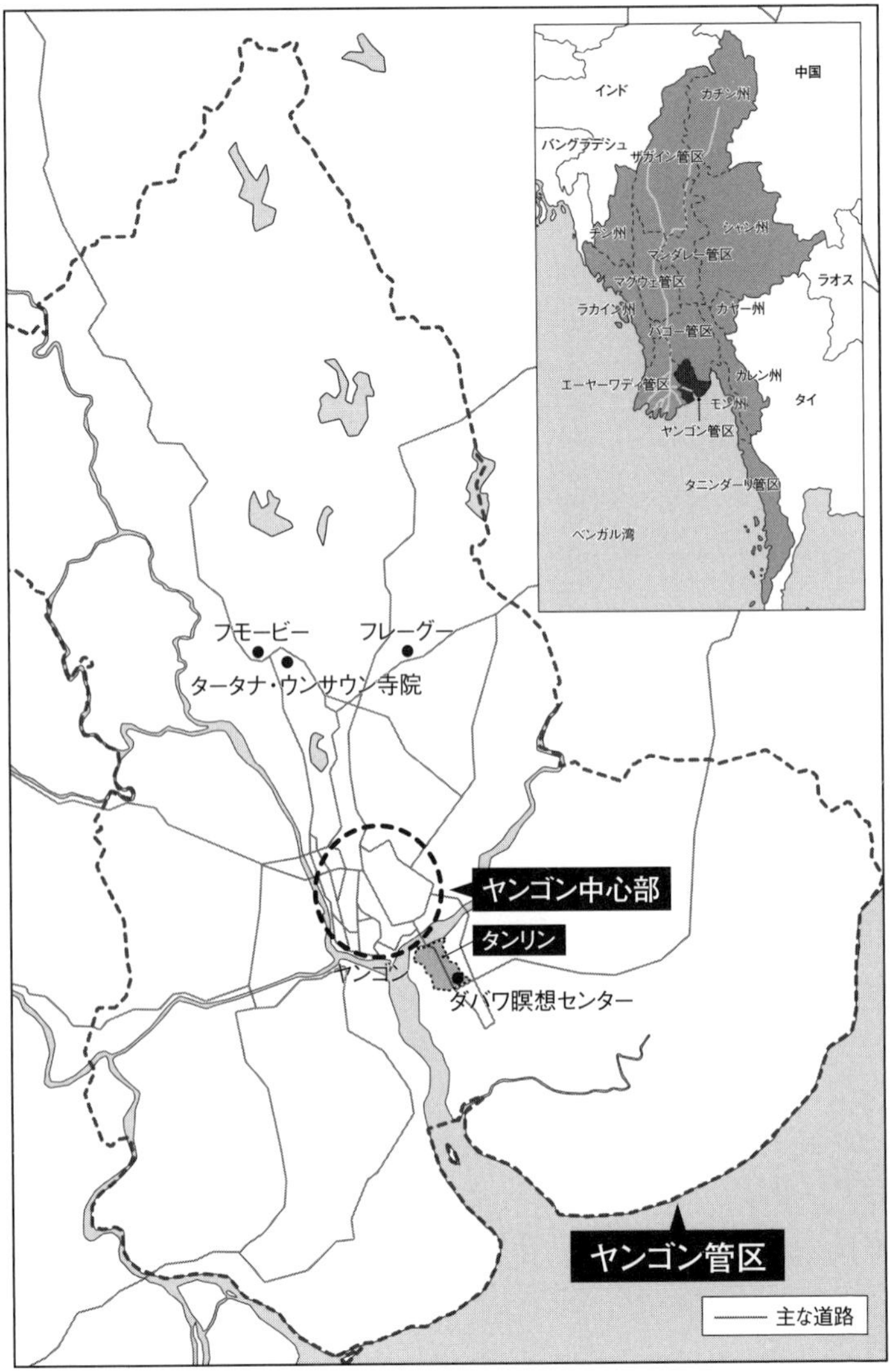

中国
インド
カチン州
バングラデシュ
ザガイン管区
シャン州
チン州
マンダレー管区
ラオス
マグウェ管区
ラカイン州
カヤー州
バゴー管区
カレン州
エーヤーワディ管区
モン州
タイ
ヤンゴン管区
タニンダーリ管区
ベンガル湾
フモービー
フレーグー
タータナ・ウンサウン寺院
ヤンゴン中心部
タンリン
ヤンゴン
ダバワ瞑想センター
ヤンゴン管区
主な道路

本書関係地図

第一章　タータナ・ウンサウン寺院――「律」遵守の挑戦

一　「森の教学寺院」という謎

師僧・メダタラ長老

「何が知りたいのか」。二〇〇八年九月、タータナ寺院での出家式のあと、私は師僧のメダタラ長老から尋ねられた。

私は一瞬、身構えた。ミャンマーでの調査中、私は調査者・研究者というよりも、修行者、あるいはミャンマー仏教を日本に布教しようとしている若者として認識されることがほとんどだった。出家者・在家者を問わず、みな教義について語りたがり、そして私に修行をさせたがった。知人に誘われてちょっとしたインタビューに行ったつもりが、大長老に迎えられ、大勢の信徒の前で公開問答となるようなこともしばしばだった。そうなると「仏法の真髄を教えてください！」と叫ぶしかない。その結果、私の調査は図らずも求法（仏法追求）の旅となっていた。

メダタラ長老とはこの日がほぼ初対面。出家期間中は長老に付き従って過ごすので、私が出家した意図を長老に理解してもらうことが、調査の成否を大きく左右する。私は、博士課程の学生であること、文化人類学を専門としていること、ミャンマーの寺院がどのように経営されているかを知りたいということを、拙いミャンマー語ではあるが、はっきりとお伝えした。

するとメダタラ長老は深くうなずいてこう言った。「私も昔、仏教のことを知りたいと思っても、何を聞けばよいのかさっぱりわからなかった。お前もそうなのだろう。でも大丈夫。安心しなさい。私が仏教について、一から説明してあげよう。そしてそれを日本の人々に伝えなさい」。全然伝わっていない。私は焦った。やはり長老も私のやりたいことを理解してくれていないようだ。また教養学習、瞑想修行の毎日になるのだろうか。

その不安は的中した。私の出家生活の中心は、メダタラ長老による一日数時間のマンツーマン講義、つまり教養学習や瞑想修行となった。それ以外の時間もメダタラ長老に付き従って托鉢に出たり、勤行《ごんぎょう》に参加したり、出家者としての修行に明け暮れた。しかし結果として、タータナ寺院で過ごした二カ月間は、博士論文の半分を占める重要なデータとなっただけでなく、私の人生におけるかけがえのない時間となった。

メダタラ長老は十代の頃、突然、死ぬことが怖くなったという。そしていてもたってもいられず、出家の道を選んだ。しかし無学なため誰に何を聞けばいいのかさっぱりわからない。そんな長老を救ってくれたのが律だった。律には出家者が何をすべきか、何をしてはならないかが具体的なルールとして示されている。だから長老はひたすらに律を守った。そして約五十年が過ぎた。「今は死ぬことは全く怖くない。私はもう悪趣《あくしゅ》（地獄・餓鬼・畜生・修羅）の世界に生まれ変わることはないだろう」と言う。

メダタラ長老は仏教試験の学位は中級までしか持っておらず、「仏典のどこに典拠があるのか」といった類《たぐい》の質問には「そういうことは私に聞くな」と笑った。しかし律を遵守することに関しては徹底していた。そして自分の体験を通じて知っていること、理解していることしか話さなかった。それはシンプルだが力強く、慈愛に満ちていた。律とは何か。律を守るとはどういうことか。メダタラ長老は言葉だけでなく、その立ちふるまいをもって私に体感させてくれた。では、タータナ寺院はなぜそこまで律にこだわるのか。それによってどのような世界を想像／創造しているのか。以下、その「実験」の内実を見ていこう。

ミャンマーで調査を始める

私は二〇〇六年から二〇〇八年にかけてミャンマーで現地調査（フィールドワーク）を行った。思い返せばミャンマーでの調査は苦難の連続だった。調査期間中、デング熱・腸チフス・急性胃腸炎を患い、交通事故やコンピューター・ウイルス被害にも見舞われた。しかしそれ以上に苦労したのがビザの問題だった。調査をするためには長期滞在できるようなビザを取得することが必須である。私はミャンマー研究の諸先輩からの助言を受け、現地の研究機関を受け入れ先として留学ビザを申請した。しかし調査準備をしていた二〇〇五年当時はヤンゴンからネピドーへの遷都や、対外開放派のキン・ニュン首相の更迭などで政治的に混乱していたせいか、閣議決定が必要だったらしい留学ビザ申請の返事はいくら待っても来なかった。合計三回申請したが、回答のないまま一年が過ぎた。仕方がないので二〇〇六年の夏から、とりあえず一カ月間滞在できる観光ビザでミャンマーに出入りしながら、調査を開始した。当時、観光ビザで行ける場所は限られていた。だから私は最大都市ヤンゴンに滞在しながら、調査の糸口を探った。しかしミャンマー語もまだほとんどできなかった私は、どこで何をすればよいのか全くわからず、途方に暮れた。

このままでは埒《らち》が明かないので、「瞑想ビザ」を取得して、瞑想センターに滞在することにした。ミャンマーは瞑想先進国で、瞑想修行したい外国人には瞑想ビザが発給され、長期間の滞在が許される。とはいえ、私は瞑想修行がしたいわけではない。そこで知り合いの伝手《つて》を頼り、瞑想修行しなくても滞在させてもらえるような瞑想センターを探した。しかし私が調査したいということは、瞑想センター側に十分に伝わっていなかった。二〇〇七年一月にヤンゴンの某瞑想センターに到着すると、私は三カ月間の瞑想コースに入ることになっていた。午後に食事をしないなどの十戒を守りながら、一日に十六時間、瞑想や読経をするというコースである。事情を説明するだけのミャンマー語能力は当時の私にはなかった。とりあえず期間を一カ月にしてもらい、私は瞑想修行を始めた。

修行期間中は、人と話すことは禁じられた。ミャンマー語がわからないので辞書を読んでいたら、本を読むなと怒られた。ようやくミャンマーに長期滞在できたにもかかわらず、調査ができないどころか、誰とも話せず、ミャンマー語の練習もできず、自分自身にひたすら向き合わなければならなかった。毎晩、瞑想指導者の長老に瞑想の進捗状況を報告する必要があったが、「足が痛いです」としか言えなかった。最初は優しかった長老も、次第に呆れ顔になってきた。終盤になると、自分の心と体の動きが繊細に把握できるようになったが、足はずっと痛いままだった。

瞑想コースを修了すると、瞑想センターに滞在していた出家者・在家者と自由に話せるようになり、外出も認められるようになった。その中で、少しずつミャンマー語を学んでいった。またせっかく瞑想修行を経験したので、ミャンマーにおける瞑想運動の興隆について調べようと考えた。しかし瞑想についての経験談を聞くと、教義的・教科書的な説明をされるか、その人独自の言語で説明されるかのどちらかであった。前者は面白くなく、後者は意味がわからなかった。雲をつかむような話ではなく、もっと具体的な、形のあるデータがほしいと思った。

律をめぐる「矛盾」

そこで私が興味をもったのが、寺院経営というテーマだった。ミャンマーの瞑想センターは、寺院を兼ねている（出家者が常駐している）場合とそうでない場合がある。私がいたセンターには常時二十人くらいの出家者がいた。出家者と話していると、彼らは律と呼ばれるルールによって、財（お金やモノ）の取り扱い方法を厳しく制限されていることがわかってきた。たとえば出家者は自ら財を獲得することを禁じられている。在家者からの布施（物質的支援）に依拠して生活する乞食《こつじき》というあり方が出家生活の大原則である。出家者の正式名称である「比丘《びく》」とは、「乞う人」を意味する。

出家者はまた、財の所有・使用方法（何を、どれくらいの量、どれくらいの期間、所有・使用できるか）についても、大幅な制約が課せられている。そもそも金銭に触れてはならないというルールすらある。古代インドならともかく、今の時代、お金に触らずに生きていくことなどできるのだろうか。

いや、古代インドでも無理だったのだろう。仏滅後百年頃に発生したとされる十事《じゅうじ》論争は、金銭の受領・使用を禁止する律の規定をはじめとする十の項目（十事）について、その撤廃・緩和を求める修正派と、律不可侵の原則を主張する保守派の間で生じた論争である。そしてこの論争をきっかけに、修正派の大衆部《だいしゅぶ》と、保守派の上座部《じょうざぶ》が分裂した（根本分裂）と伝えられている。

現在、スリランカや東南アジア大陸部を中心に広がっている上座部仏教は、このときの上座部の系譜に連なるとされている。つまり上座部仏教は、律不可侵の原則を貫くことを標榜し、新たな追加、削除、変更を一切認めないという態度をとっている。

ではなぜこのようなルールがあるのだろうか。出家者に聞くと、財への執着（物欲）から離れるためであるという。また性欲から離れるために、性に関する厳しいルール（一切の性行為の禁止など）もある。こうした律を守る出家生活こそが、上座部仏教の理想的境地である涅槃《ねはん》（煩悩の火が消えた状態）を実現するための、唯一ではないが最適な手段であるとされる。

托鉢中の出家者たち（ミャンマー・ヤンゴン郊外、2007年）

しかし当時の私は、その実現性に疑問を感じた。上座部仏教の教義的理想を実現するためには、律を守る必要がある。その律は財への執着から離れろと言う。しかし出家者も身体をもっている以上、霞《かすみ》を食べて生きていけるわけではない。律を厳密に守ると、財の必要という経済的現実にうまく対処できない可能性がある。それでは律に規定された上座部仏教の出家生活は、実際にどのように成立しうるのだろうか。

この問題は、実際には「寺院の経営はどのように成り立っているのか」という問いと不可分である。なぜなら出家者たちは個々人で修行・生活しているわけではなく、寺院という単位で共同生活を送っているからである。ではミャンマーの寺院はどのように必要な財を獲得・所有・使用しているのか。その実態を解明するために、ミャンマー最大都市ヤンゴンを中心として現地調査を行うことにした。

静かな「陸の孤島」

私は瞑想修行を終えても瞑想センターに滞在させてもらっていたが、それはイレギュラーな状況である。このまま滞在していると、センターに迷惑をかけてしまう可能性がある。そこで一度日本に帰国し、ヤンゴンで働ける仕事を探すことにした。就労ビザを取得できれば、長期間、滞在できるからである。そして語学学校に日本語教師としての仕事を見つけて、二〇〇七年八月にヤンゴンに戻った。

日中は日本語教師として働き、放課後に寺院を回って調査をする。完璧な計画のはずだった。「よし、これで本格的な調査ができる」と思った矢先、サフラン革命と呼ばれることになる、出家者による大規模な反軍事政権デモが勃発した。軍政による民主化運動の弾圧や経済的困窮などで大きな不満を抱える民衆の声を代弁する形で、出家者が立ち上がったのだ。デモに参加した出家者は、最終的に全国で二、三万人に達したと言われている。夜間外出禁止令が出され、日本語学校も閉鎖された。私はホテルの窓から出家者のデモ隊列を眺めながら、呆然と数日間を過ごした。

軍政による出家者の拘束、寺院の襲撃が相次ぎ、ほどなくしてデモは鎮圧された。結果として残されたのは、軍政による出家者・寺院への厳しい監視である。この時期に外国人が飛び込みで寺院を訪れるのはとても危険だった。勝手な行動をすれば、インタビューに応じてくれた寺院、雇ってくれた日本語学校にも迷惑をかけてしまう。私は寺院の調査をするためにヤンゴンに来たのに、寺院に行けなくなってしまった。

仕方がないので私は寺院調査を諦め、在家仏教徒組織を調査することにした。ミャンマーではイギリス植民地期以降、在家者による仏教支援組織が数多く誕生した。出家者やパゴダ（仏塔。ブッダの遺物などを収めたとされる）に布施をする組織、仏教試験を開催する組織、在家者や子供向けの仏教講座を開く組織などである。私は新たに借りたアパートの近所にあるフレーダン市場を拠点として活動している施食《せしょく》組織（近隣の寺院に定期的に食事の布施を行う組織）の人たちと仲良くなった。結果として、彼らが私をいろいろな寺院に案内してくれた。その中の一つがタータナ寺院だった。私が、外国人が寺院に行くのはまだ危ないのではないかと聞くと、タータナ寺院は町から離れている「森の寺院」だから大丈夫だという。こうして私は二〇〇七年十一月に初めてタータナ寺院を訪れた。

タータナ寺院の境内。同型の僧坊が整然と並ぶ（2008年）

ヤンゴン中心部から北西方向に伸びる幹線道路を車で一時間ほど走ると、フモービーという小さな町に出る。その少し手前で道路を左に折れてさらに十分ほど進むとタータナ寺院にたどり着く。風に揺れる木々のざわめき、鳥のさえずり、そして時折、仏典を誦唱《ずしょう》する声が聞こえる以外には、何の音も聞こえない。周辺には一切の人工物が見当たらないタータナ寺院は、まさに陸の孤島といった風情であった。

パリヤッティとパティパッティ

何度か通う内に、タータナ寺院が特殊な寺院であることがわかってきた。ミャンマーの寺院は立地によって「町の寺院」「村の寺院」「森の寺院」に区別される。もっとも「森」といっても、人里離れたジャングルにあるわけではない。完全に人里から離れてしまうと托鉢ができなくなるからだ。ミャンマーでは、在家者の居住空間から二〇〇〇歩以上（約一・五キロ程度）離れた場所であれば「森」と呼ばれる。

「町の寺院」「村の寺院」の主な機能は「教学（パリヤッティ）」、つまり上座部仏教の聖典であるパーリ仏典（後述）に集約されるブッダの教えについての教授・学習である。それに対し「森の寺院」の主な機能は「体験的修行（パティパッティ）」、主要には瞑想修行を指す。一人もしくは少人数の出家者が、寺院として登録されないような小さな庵《いおり》や洞窟において静かに瞑想修行に励む。これが典型的な「森の寺院」のイメージである。

具体例を一つ挙げておこう。タータナ寺院で出会った「森の僧」ウィトタ比丘から聞いた話である。当時二十九歳だった彼は、村の慣習にもとづいて出家した後、しばらく村の寺院で過ごしていたが、十七歳になった頃、「森」で静かに瞑想して過ごしたいという気持ちが強くなった。ちょうど知り合いが瞑想に都合のいい洞窟を紹介してくれた。その洞窟は以前、ヤティ（日本でいう山伏のような修行者）が滞在していたのだという。ウィトタ比丘はその洞窟で五カ月ほど修行した後、ネピドー付近にあった「森の寺院」に移動し、元ヒンドゥー教徒の長老から瞑想を教わりながら数年滞在した。その後は、一人で各地の洞窟や庵に赴いて瞑想中心の生活を送った。

「森で修行するときには、必ず蘊経《うんぎょう》（蛇除けの経文）と慈経《じきょう》（慈悲を伝える経文）を覚えていきなさい」。私は森で修行するつもりは一切なかったが、ウィトタ比丘は真剣に助言してくれた。まず蘊経はわかりやすい。森で恐ろしいのは何よりも蛇だからだ。ただし蘊経がなぜ蛇除けになるのかはよくわからない。それを唱えると、蛇が嫌いな音波でも出るのだろうか。

では慈経とは？　ウィトタ比丘によれば、森の修行において大きな妨げ・危険となるのは、神々（精霊）や餓鬼（幽霊）であるという。特に厄介なのはその土地にもとからいる神々である。

律を守る清浄な比丘が来ると、神々はその場所にいられなくなるらしい。それを嫌がる神々は、不快な音や匂いを漂わせて、出家者の修行を邪魔して追い出しにかかる。そうした攻撃から身を守るために慈経が有効なのだ。慈悲を送り、自分には敵意がなく、神々や餓鬼の幸せを心から願っているという意思表示をする。そのようにして神々や餓鬼と仲良くなることができれば、今度は出家者を猛獣や蛇などから守ってくれる存在になるという。

しかし最も恐ろしかったのは、蛇でも神々でもなかったとウィトタ比丘は振り返る。「日に一回、近くの村に托鉢に行く。そこで後をつけられて泥棒に入られたことがあった。夜、村の若い女性が誘惑しに来たこともあった。だからドアには鍵をつけるようにした」。結局、一番危険なのは人間ということか。

さて、タータナ寺院は立地上は「森の寺院」に分類される。その一方で、タータナ寺院は約二百人の出家者を抱える巨大な教学寺院でもあった。村・町の寺院は多かれ少なかれ教学を主な機能としている。その中でも教育カリキュラムやレベル別の授業などが整備されており、教学に専念する環境が整っているような寺院は「教学寺院(サーティンダイッ)」と呼ばれる。あくまでも目安であるが、出家者数が三十人を超えるような大寺院はこうした教学寺院である。ただしこのような大寺院はヤンゴンにおいても二〇%に満たない。

その意味で、タータナ寺院はミャンマーでも例外的な「森の教学寺院」であった。在家者の居住空間から離れた「森」は、布施を得るには都合が悪い。つまり「森」に住むことは、経済基盤の構築という観点からみた場合は非合理的なのである。したがって大規模な教学寺院は大都市にあることがほとんどである。ではタータナ寺院の経営はどのように可能になっているのか。紹介してくれた在家者によれば、タータナ寺院は律に厳しいことで有名らしい。この謎を解く鍵は律にありそうだ。律にもとづく寺院経営の実態に興味をもった私は、タータナ寺院について本格的な調査を始め、結果として翌二〇〇八年の九月から十月の二カ月間、タータナ寺院で出家生活を送ることになった。

タータナ寺院で出家する

男性であれば、ミャンマーで出家するのはとても簡単である。ミャンマーには一時出家の慣習があり、仏教徒の男性は短期間でも出家生活を送ることが望まれている。十代前半で行われることが多い「沙弥出家式（シンビュ）」には、通過儀礼の意味合いがある。息子を一時的にでも寺院に入れることは、両親（特に出家できない母親）にとって大きな功徳《くどく》があるとされる。

私は外国人なので、出家には宗教省の許可が必要だった。書類を揃えて申請に行くと、「公式には許可できないが、出家したければ勝手に出家してくれ」と言われたので、勝手に出家することにした。公式の許可が下りなかったのは、サフラン革命の名残があったからだろう。とはいえ禁止されないのがミャンマーらしいところである。ただし問題にならないよう、住職のサンダティリ長老や管理委員会（後述）のメンバーと相談して、出家中の行動には十分に気をつけることになった。

上座部仏教では、出家者は①比丘と②「沙弥《しゃみ》（サーマネーラ）」に区別される。ミャンマー語では比丘は「ポンジー」や「ヤハン」、沙弥は「コーイン」とも呼ばれる。比丘とは、律を授けられた正式な出家者である。二十歳以上の男性である、病を患っていない、借金をしていない、父母の許可を得ているといった条件を満たす者だけが比丘になることができる。

一方、沙弥とは見習いの出家者を意味する。未だ律を授けられていないが、「十沙弥戒」を守り、比丘に準じた生活を送ることが求められる。なお、ミャンマーにおいては制度上の比丘尼《びくに》の継承は途絶えており、正式な出家者は男性に限られている。しかし在家という立場ながら、事実上の出家生活を送る女性修行者たちが存在し、ミャンマーでは「ティラシン」と呼ばれている。

私はまず沙弥として出家し、その二日後に比丘出家することになった。沙弥出家式は二〇〇八年九月十二日、私のスポンサーになってくれたマニラさんの誕生日に行われた。私の袈裟《けさ》や鉢を揃えたり、寺院へ布施をしたりするのに合わせて日本円で五万円くらいかかったと聞いた。当時は公務員の月給が一万円程度だったことを考えると、大きな出費だったに違いない。ただ、マニラさん夫妻からは「こんなに素晴らしい機会を与えてくれてありがとう」と、いたく感謝された。

私の師僧は、タータナ寺院の顧問僧であったメダタラ長老になった。沙弥出家式はメダタラ長老の先導のもとで進んだ。初めに不浄観（爪や髪など体の各部位を不浄であると観すること）の詩文を唱えながら、先輩僧に剃髪してもらった。次に師僧に出家させてもらえるよう嘆願し、許しをもらえるとマニラ夫妻から袈裟を渡され、それに着替える。その後、「三帰《さんき》依《え》文《もん》」と十沙弥戒を唱えた。

三帰依文はパーリ語で正確に唱える必要があるとのことで、一時間くらい練習した。「仏に帰依します（ボウッダン・タラナン・ゲッサーミ）」「法に帰依します（ダンマン・タラナン・ゲッサーミ）」「僧に帰依します（タンガン・タラナン・ゲッサーミ）」と三度唱えるのだが、傍点の箇所を強調して発音する。この発音は、幼すぎたり病気だったりするとできないらしい。したがって正確に発音できることが沙弥出家の重要な条件になるという。また正確に発音することによって三帰依を完遂することになり、その時点で新参者の体は自ら戒（沙弥戒）を宿すことになるという。十沙弥戒は、①殺生をしない、②盗みをしない、③一切の性行為をしない、④嘘をつかない、⑤酒を飲まない、⑥午後に食事をとらない、⑦歌舞音曲を楽しまない、⑧化粧や装飾品で身を飾らない、⑨大きいベッドや高いベッドに寝ない、⑩金銭を受領・使用しないという諸ルールを指す。

そして予定どおり、その二日後に比丘出家式（受具《じゅぐ》足戒《そくかい》式）にのぞんだ。比丘になるためには戒壇と呼ばれる特別な場所において（東大寺の戒壇のように立派な建物の場合もあるし、普通の部屋の場合もある）、受具足戒式と呼ばれる儀礼を開催し、五人以上の先輩比丘――師僧、羯磨《かつま》師《し》（儀礼の司会）、教授師（比丘になれる条件を確認する僧）――の立ち会いのもと、師僧から

「法灯」（理論上はブッダにまで遡る）を継承するという形式をとる。この儀礼は一言一句間違ってはならないとされ、儀礼の式次第は貝葉《ばいよう》（乾かしたヤシの葉）に書かれたテクストを読み上げるという形で進んだ。

教学中心の日課

戒壇はメダタラ長老の居住する僧坊の二階部分にあった。出家後、この戒壇部分が私の部屋としてあてがわれそうになったが、階下に師僧がいる生活は落ち着かなそうだったのでお断りした。結局、私は別の僧坊の二階部分に間借りさせてもらえることになった。広さは二十平方メートルくらいか。広い部屋の隅に木製のベッドと机と棚があるだけで、あとは何もないスペースだった。若い沙弥たちはこの広さの部屋に十人以上で寝泊まりしていることを考えると、私は非常に優遇されていた。

一階には二人の比丘がいて、その内の一人、私の世話係を任命されたテゾ比丘は、講師試験の合格を目指して教学に励んでいた。宗教省が主催する仏教試験は、初級・中級・上級・講師の四段階に分かれている。講師試験の合格率は一〇％に満たず、そこにたどり着けるのは全出家者の百人に一人程度だと言われている。

以前は教学に励むとしても、必ずしも仏教試験を受けるわけではなかった。パーリ仏典の研究と仏教試験の勉強は、厳密に言うと異なる。仏教試験の勉強は、各試験で指定されている図書を丸暗記することが基本となる。したがって教学に秀でた長老であっても、試験合格の資格を持っていない場合も珍しくない。しかし現在では出家者として一人前になるためには、仏教試験の合格が不可欠である。あくまでも目安であるが、村の寺院の住職になるには中級、都市の寺院の住職になるには上級、教学寺院の住職になるには講師の資格が必要だと言われている。そのため十代から二十代にかけて、若い出家者たちは各地の教学寺院で教学の研鑽を積む。その競争は過酷であり、受験ノイローゼで命を絶つ若い出家者もいるほどである。

自坊での筆者。ベッドの上部にあるのは蚊帳（2008年）

タータナ寺院は律遵守の寺院として有名ではあったが、仏教試験の合格実績はあまり高くなかった。テゾ比丘は当時三十歳。合格にはそろそろ限界という年齢だった。しかしテゾ比丘から焦りは一切感じられなかった。いつもパーリ語の詩句を鼻歌のように口ずさんでいた。そのメロディーにはなんともいえぬ心地よさがあった。

寺院の日課は次に掲げるようなものだった。タータナ寺院は教学寺院なので授業時間が多い。沙弥の場合は、このほかに当番制で炊飯・調理・草刈りなどが課される。比丘の場合は律の規定上、これらの活動をすることができない。一度、炊事場でうっかり食材に触れそうになった私は、飛んできた沙弥たちに「触らないで！」とえらく怒られた。比丘は布施された食事しか触れてはならないのである。

四：〇〇　起床
四：三〇—五：〇〇　講堂にて懺悔・瞑想
五：三〇—六：〇〇　朝食
六：〇〇—六：三〇　僧坊掃除
六：三〇—七：四五　授業
八：〇〇—九：三〇　托鉢
一〇：〇〇—一一：〇〇　水浴び・洗濯
一一：〇〇—一二：〇〇　昼食
一二：〇〇—一三：〇〇　休憩（昼寝）
一三：〇〇—一七：〇〇　授業
一七：〇〇—一八：〇〇　休憩
一八：三〇—一九：〇〇　講堂にて勤行
一九：三〇—二〇：三〇　授業

二一：〇〇―二二：〇〇　休憩・瞑想
二二：〇〇　就寝

私はほかの出家者たちが仏教試験の勉強をしている間、師僧のメダタラ長老からマンツーマン講義を受けた。メダタラ長老は中級の資格しか持っておらず、講義の内容は自作の教材を用いた完全に独自なものだった。さらにマンツーマンにもかかわらず、なぜかマイクとスピーカーが用いられた。長老の朗々とした説法が、境内中に響き渡っていた。長老の講義は仏教試験とは全く関係がなかったので、他の出家者たちは見向きもしない。しかしその教えは実践的で、経験にもとづく説得力があった。そして中心テーマは律だった。

食事の準備の仕上げ。すべての卓を沙弥（左右）が比丘（中央）に布施する。こうすることで比丘は食事に手をつけることができるようになる（2008年）

律とは何か

現在、ミャンマー・タイ・ラオス・カンボジア・スリランカなど上座部仏教圏で用いられているのは、初期仏教（部派仏教）時代の形態を強く留めているパーリ仏典である。五世紀にスリランカにおいて確立されたと言われている。パーリ仏典はパーリ三蔵とも呼ばれるように、律・経・論という三つのパートから成り立っている。「経（スッタ）」とは、仏教の理想、修行方法、人間や世界のあり方などについて、相手の素質・能力に合わせる対機《たいき》説法で説かれたブッダの教えを、物語形式で平易に示したものである。「論（アビダンマ）」とは、ブッダの死後、出家者たちがブッダの教えを分析・考察し、理論的に整えたものである。こうした経や論は、出家者／在家者双方にとって有用なものである。

それに対し、「律（ヴィナヤ）」は出家者にのみ適用される教えである。律は大きく分けて、①経分別《きょうふんべつ》（一切の性行為、窃盗、殺人、悟ったと嘘をつくこと、を禁じるルールを筆頭とする、出家者が守らなければならない二百二十七項目のルール〔波羅提木叉《はらだいもくしゃ》〕や、違反したときの罰則に関する説明）、②犍度《けんど》（出家に始まる種々の儀式、紛争を処理するための手続きなどに関する説明）、③附随《ふずい》（補足）から成り立っている。こうした律の諸規定は、出家者として不適切な行動をする者が現れるたびに、ブッダがその行動を禁止したり訂正したりする随犯随制《ずいはんずいせい》という形で制定されていったとされる。

在家者にも五戒（殺さない、盗まない、不倫しない、嘘をつかない、酒を飲まない）や八戒（五戒に加えて、午後に食事をとらない、歌舞音曲を楽しまず化粧や装飾品で身を飾らない、大きいベッドや高いベッドに寝ないという三項目を加えたもので、ミャンマーでは満月などの精進日に守られることが多い）といった道徳的指針がある。ただし戒は、そのような言動をしないように自らを戒めるという類のものであり、決して外部から強制されるものではない。つまり違反しても罰則はない（もちろん人を殺せば国家法上の罰則を受けることになる）。それに対し、律は出家者が守らなければならない義務である。日本語では「戒律」とひとまとめにして呼ばれるが、上座部仏教の文脈においては戒と律は大きく異なっている。

もっとも、律の解釈や守り方は多様であり、これがミャンマーにおける宗派（ガイン）形成の一因になっている。こうした宗派はミャンマーの歴史上、無数に存在してきたが、現在では国家サンガ組織（出家者の全国組織）によって九宗派が公認されている。この内、タータナ寺院は律厳守を標榜するシュエジン派に属している。それではタータナ寺院においては、どのように律について説明されているのか。厳格な律解釈とはどのようなものか。この点について、住職のサンダティリ長老から聞いたことを紹介しておこう。サンダティリ長老は、メダタラ長老よりも十歳以上若かったが、仏教講師資格だけでなく律護持師という律に特化した試験の資格も持っている。

律を厳密に解釈するとどうなるか

サンダティリ長老によれば、第一に、律を遵守する生活を送ることは、出家者が涅槃という理想的境地に到達するために必要不可欠な条件である。長老は次のように言う。

在家者は律を守る必要はない。殺生や盗みなど、欲望や怒りに駆られた非道徳的な言動を避ける。そのような言動をしないように自らを戒める。こうした基本的な戒を守り瞑想をすれば、在家者であっても涅槃は実現可能である。ただし、在家生活をしながら効果的な修行を行うことは難しい。それに対して、律を守った生活をする比丘は在家者よりも涅槃に到達しやすい。律を守る生活の方が、煩悩（貪瞋痴《とんじんち》）を避けやすいからである。

その一方で、律を守らなければ、その悪影響は在家者よりも大きい。たとえば夕飯を食べるというのは、在家者であれば「悪業（アクドー）」（「功徳（クドー）」の反意語、悪い結果をもたらす原因）にはならない。しかし比丘が食べれば悪業である。なぜならそれは律に違反しているからである。律に違反するということは、ブッダの指示したとおりに生活していないことを意味する。それは三宝（仏法僧）への「信（ダダータヤー）」に欠けている証拠である。そのような状態では、いくら仏典を学び、瞑想修行したところで、涅槃へ到達するのは不可能である。それどころか来世は在家者よりも悪い境遇に生まれる可能性がある。比丘という道を選んだにもかかわらず、律に則った生活をしないことは、それほど罪が大きい。

第二に、それゆえに、外的な条件に合わせて律を修正・妥協することを一切認めない。律を守れないような条件の場所は、出家生活に不向きであるとまで言い切る。たとえば袈裟の着用法について、サンダティリ長老は次のように述べる。

長老　律は比丘の生活スタイルだけでなく、外見についても定めている。たとえば比丘である以上は剃髪をし、袈裟を着なくてはならない。逆に、袈裟以外のものは身につけてはならない。

私　日本はミャンマーよりも寒いです。もし日本で出家生活を送ろうとした場合、どうすればよいですか。靴下を履いたり、セーターを着たりしてもいいですか。

長老　ミャンマーにも寒い地域はある。たとえばシャン州は寒い。その場合は、厚手の袈裟を着たり、重衣《じゅうえ》（三衣《さんね》からなる袈裟の一種で、普段用いる上衣《じょうえ》と内衣《ないえ》に比べて厚い）を毛布のようにまとったりして過ごしている。日本でもそのように暮らせばよい。寒いからといって袈裟以外のものを身につけることはできない。こうした修正・妥協は、一度やり出すと際限がなくなるからである。

私　それでも寒い場合はどうすればよいですか。

長老　日本はすべてが寒いのか。暖かい場所はないのか。寒くて無理なら暖かい場所に移動すればよい。とにかく、比丘は袈裟以外のものを身につけてはならない。瞑想は誰でも実践できる。よく実践すれば、よい結果を得られる。着ている服は関係ない。しかし比丘である以上は、袈裟を正しく着なければならない。工夫すれば、律どおりに過ごすことはできるはずだ。それでも無理な場所では、比丘として修行することは難しいということになる。

第三に、こうした律違反は伝染するものであるとされる。したがって、律遵守の出家生活を送るためには、自分が律に違反しないように細心の注意を払うのはもちろんのこと、他者の律違反にも十分に注意しなければならない。

律違反をした場合、その影響は当人だけにとどまらない。たとえば布施されていないマンゴーを、比丘が自分で摘み取って食べた。これは盗みの大罪である。そのマンゴーの種を捨てて、そこから木が生えた場合、他の比丘がその木陰で休むだけでも「罪（アバッ）」になる。また、比丘が自分で金銭に触るという罪を犯して寺院を建てる。そのような寺院は永遠に罪を振りまく。その寺院に一晩泊まるだけでも罪になる。したがってどのように建てられたかわからない寺院には泊まってはならない。

もっとも、どれだけ気をつけても細かい律に違反してしまうことはある。したがってタータナ寺院においては定期的に懺悔《さんげ》を行い、犯してしまった罪を滅して身を清める必要がある。ただし仏教ではキリスト教のような神を想定しないので、懺悔は神ではなく同胞の出家者に向けて行われる。具体的には、日常的な懺悔や、比丘たちの自省会である半月に一回の布薩《ふさつ》儀礼、雨安居《うあんご》（後述）明けの自恣《じし》儀礼などである。他の寺院では、こうした日常的・定期的な懺悔を省いたり短縮したりすることが多い。それに対しタータナ寺院ではこれらの儀礼を最重要のものと位置づけている。それは律に対する意識を高める上でも効果的であるように思われた。

雨安居明けの自恣儀礼の様子。タータナ寺院はこの地域のシュエジン派の本部であるため周辺寺院からも出家者たちが合流して読経・懺悔を行う（2008年）

「欲情のしようがない」

日本の大学の授業で学生に律の話をすると、「大変そう」「つらそう」「絶対に出家したくない」といった声が返ってくる。私も出家する前は同じような印象をもっていた。では律遵守の生活の実態とはどのようなものだったか。

たとえば食事はどうか。律では正午以降、固形物を口に入れてはならないとされている（非時食というルール）。他の寺院では、玉ねぎをドロドロに溶かしたものなら食べてよいとか、ジュースをひたすら飲むとか（そのせいか出家者の糖尿病がとても多い）、ルールにいろいろな抜け道をつくっている。また、ある教学寺院の住職が「うちの寺院では非時食を守る沙弥が二人もいる」と自慢げに語っているのを聞いたこともある。つまり若くて食欲旺盛な沙弥の場合、非常食を守れる者はそれぐらい少なくなってしまうということである。それに対しタータナ寺院では比丘・沙弥ともに、食事の機会は五時三十分と十一時の二回だけと厳格に規定されていた。

寺院の食事というと精進料理を想像するかもしれないが、上座部仏教の場合、肉食が禁じられているわけではない。乞食を原則とする上座部仏教の出家者は、在家者に布施されたものであれば、基本的に何を食べてもよい。肉類についても、布施するためにわざわざ殺したものでなければ、また人肉や象の肉などを除けば食べることができる。もちろん菜食の出家者もいるが、それは個人の選択である。朝食はご飯と豆、昼食もご飯とスープというように、寺院でつくったおかずは一、二品の質素なものであることがほとんどだったが、これは律のせいではなく、出家者の人数が多いため豪勢な食事を用意できないからである。

托鉢に行くと、炊いた白米のほか、いろいろなおかずをいただく。その一部はそのままにして住職や幹部僧に配分されるが、ほとんどのおかずは大きな鍋に入れてごちゃまぜにしてスープにしてしまう。これは味に執着しないという姿勢を示したものである。実際、タータナ寺院では食事前に次のようなパーリ語の詩句を唱えていた。

私は、正しく考察して施食を受用します。遊戯のためでなく、驕慢《きょうまん》（力の自慢）のためでなく、装飾（良い体格）のためでなく、荘厳（美容）のためでなく、ただこの身体の存続のため、維持のため、飢餓病気を静めるため、最勝行〔仏道修行、引用者注〕を護るために受用するのです。この施食を受用することによって、前の苦痛はなくなり、新しい苦痛が起らず、私は、存続することが出来、罪がなく、安楽に過ごされるでありましょう。

（訳文はウ・ウェープッラ『南方仏教基本聖典』中山書房仏書林、一九七八年、一三六―一三七頁）

ただ、このごちゃまぜスープはいたっておいしかった。使われている香辛料はさほど多様でない（唐辛子やにんにくなど）ので、味は全く問題ないのである。たまに在家者による招待食（在家者が家族の誕生日や命日などに合わせて出家者を自宅に招いたり、もしくは食費を負担して寺院で食事を振る舞ったりすること）の機会があると、出家者たちの気分は高揚した。豪華な肉・魚料理やデザートがつくことが多いからである。夕方には寺院全体でジュースが一杯ずつ提供された。

さらに私は寺院側の配慮で、椰子《やし》砂糖や蜂蜜などを混ぜた、サトゥマトゥと呼ばれるジャムのような食べ物を食べることが許されていた。これは病気のときや空腹のときに出家者が食べていい「薬」として、ミャンマーではスーパーなどでも売られているものである。もちろん、他の出家者も律の上では食べてよいのだが、入手できる者とできない者に分かれてしまうのでタータナ

タータナ寺院の托鉢。メダタラ長老を先頭に2、3キロ歩く（2008年）

寺院では禁じられていた。私はスポンサーであるマニラ夫妻からサトゥマトゥを二瓶、布施されていた。そしてこのサトゥマトゥは、それまでの人生で食べたものの中で最もおいしいものだった。夕方、自室でこっそりと一匙《さじ》食べるのが至福だった（すぐになくなってしまうので一匙以上は食べられなかった）。あまりにもおいしかったので、帰国するときに何瓶かお土産に持ち帰ったのだが、日本で食べてみたらこれが信じられないほどまずい。生活や環境が変わると味覚も変わることを思い知ることになった。

　では性欲についてはどうか。律によれば、出家者は自慰行為も含めた一切の性行為を禁じられている。一見、過酷なように思われるかもしれないが、寺院にいるのは手伝いの在家者も含めてすべて男性である。また雑誌やインターネットもない。学生が使うノートにも女性の写真が印刷されているものは使用を禁じるという徹底ぶりであった。そのような環境にいると、欲情のしようがない。例外は托鉢で村や町に出るときである。歩いている最中は団扇《うちわ》で顔を隠すので自分の足元以外は目に入らないのだが、鉢にご飯を入れてもらうときだけ、入れやすいよう近づくため、在家者の足が目に入る。通常は年配の男性・女性がきちんと正装して出てくるが、たまにうら若き女性がパジャマ姿で出てきたりする。それは大いに心を乱す光景だった。あのとき見えてしまったくるぶしは、今でも脳裏に焼き付いている。

苦労したのはそれくらいだろうか。寺院の規則も含め、生活のあらゆる面で行動が決められているということは、かえって自由を感じさせた。次に何をしようか、どんなふうにしようかといったことを全く考えずに済むからである。あらゆることを常に選択し続けなければならないことの方が、よっぽど不自由であるとも言える。何をすればいいのか考えなくて済むと、「今・ここ」に意識を集中しやすくなる。タータナ寺院で見た満月、夕焼け、儀礼のときに掲げた灯明《とうみょう》があれほど美しく鮮明に感じられたのは、そのせいもあったのかもしれない。

「出家者と在家者が協力し合ってはじめて仏教は発展する」

タータナ寺院の実験性は、律遵守の試みのほか、在家者主導で設立され、現在でも在家者から構成される「寺院管理委員会（ゴーパカ・アプエ）」が経営の実権を握っている点にもみられる。パゴダや瞑想センターにおいて在家者による管理委員会が設置されているのは珍しくないが、寺院においてはほとんどみられない。タータナ寺院の管理委員会の母体はヤンゴンにあるタータナ・ウンサウン協会（以下、タータナ協会）という在家仏教徒組織であり、在家者向けの仏教文化講座、沙弥向けの民間仏教試験の運営といった事業を行っている。タータナ寺院の経営は、こうした仏教振興プロジェクトの一つとして位置づけられている。

私がミャンマーに滞在していた当時、タータナ協会および管理委員会の中心的役割を担っていたのはチートゥエさんとエーエーさんという共に六十代の夫婦だった。二人とも建築家として活動しており、タータナ寺院の建物はすべて彼らが設計していた。

チートゥエさんとエーエーさんは若い頃、マハーガンダヨウン長老（一九〇〇―七七）の著作を読む勉強会に参加していた。マハーガンダヨウン長老は、その学識および出版物――仏教に関する七十四冊の本を出版した――によって、現在でもミャンマーで最も有名な長老の一人である。またマハーガンダヨウン長老がマンダレー管区アマラプラ町に設立した寺院は、現在では五百人以上の出家者を有するミャンマー有数の教学寺院となっており、寺院経営においても秀でた手腕をもっていた。そして自身の経験から、様々な著作や説法において、寺院経営論と呼びうる議論を展開している。特に、寺院が発展するためには在家者の助力が決定的に重要であり、寺院にも在家者の組織、つまり管理委員会を設置すべきであると説いている。

チートゥエさんとエーエーさんは、勉強会の仲間たちと共にマハーガンダヨウン長老の遺志を受け継ぎ、その理想を実現しようと奮起した。その経緯についてチートゥエさんは次のように語る。

出家者は仏教のことだけに専念しなければならない。しかし出家者も「凡夫（プトゥジン）」であるから、生きていかなければならない。そのためには四資具《ししぐ》（衣食住薬）が必要である。出家者一人であれば、托鉢することによって、在家者の手助けなしに生きていくことはできる。しかし集団になると、四資具の手配をする在家者がいなければ生きていけない。したがって寺院には在家者の手助けが不可欠である。在家者の手助けによって、出家者が仏教に専念することができれば、一般の在家者たちにとっても利益が大きい。このように出家者と在家者が協力し合ってはじめて仏教は発展する。これがマハーガンダヨウン長老の教えだった。そこで私たちは話し合って、出家者たちが理想の出家生活、律遵守の出家生活を送れるような寺院をつくろうと決めた。

そこでチートゥエさんたちは一九八五年にタータナ協会を設立し、これを新たにつくる寺院の管理委員会として位置づけた。ただし実際に寺院をつくるためには住職が必要である。そこで彼らが自分たちの理想を託すのに相応《ふさわ》しい人物として選んだのが、マハーガンダヨウン長老の弟子で、その関係で以前から親交のあったクマラ長老であった。クマラ長老（一九一八―二〇〇一）は、ラカイン州マナウン町近くの村に生まれ、十五歳で沙弥出家、二十一歳で比丘出家している。そして二十三歳のときにエーヤーワディー管区ミャウンミャ町にある教学寺院に移り、ミャウンミャ長老（一八八八―一九七五）に師事することになる。

後に第十代シュエジン派長を務めたミャウンミャ長老（在位一九七二―七五）は、律遵守で知られる長老であった。そしてマハーガンダヨウン長老をはじめ多くの弟子を育てた。クマラ長老もまたそうした弟子の一人であり、自らもミャウンミャ町に教学寺院を設立して、そこで長らく住職を務めていた。チートゥエさんたちがクマラ長老のもとを訪れたとき、長老は既に六十七歳と高齢であった。しかし律遵守の教学寺院をつくりたいというチートゥエさんたちの申し出に同意し、その出家者人生の集大成として、新寺院の設立というプロジェクトに着手する。

「森」へのこだわり

しかし寺院の設立は何の支障もなく進んだわけではなかった。特に寺院の場所について、クマラ長老とチートゥエさんら在家者たちの思惑の違いが露呈することとなる。チートゥエさんたちは最初から最大都市ヤンゴンに寺院をつくるつもりであった。彼らの目標は単なる一教学寺院をつくることではなく、他の教学寺院の手本になるような大寺院をつくることにあり、それを実現しうる場所はヤンゴン以外にないと考えていたからである。また、協会メンバーの多くがヤンゴンに住んでいるため、ほかの都市よりも都合がよいという事情もあった。そこで彼らはヤンゴンの適当な場所をいくつか見繕ってクマラ長老に提示した。

はじめに見つけたのは、チャイカサン・パゴダという有名なパゴダ近くの土地であった。その周囲にはパゴダから土地を借り受けた多くの寺院があり、中には売りに出されているものもあった。しかし人家に近く、パゴダ祭りの機会には大勢の巡礼者で賑わう場所であったので、クマラ長老は「このような場所では学生の管理が難しい。在家者の真似をしたくなる」と言って許可しなかった。次に、ヤンゴン郊外のタンリン町に土地を見つけたが、水を得ることが難しい土地であったため、教学寺院には適さなかった。最後に、ミンガラードン郡に条件のよい七エーカー(約二万八千平方メートル)の土地を見つけた。しかし幹線道路沿いにあったためクマラ長老は許可しなかった。「道はモノへの入り口である。道を見ると進みたくなる。道を進めばモノの世界にたどり着く」という理由からだった。

そこでチートゥエさんたちがクマラ長老に、いったいどんなところならよいのかを尋ねたところ、クマラ長老は長年温めていたアイデアを語った。それは「森」に寺院を構えたいというものだった。しかしこの希望はチートゥエさんたちを困惑させるものであった。第一に、交通が不便である。支援者である自分たちですら簡単に通うことができない場所に、一般の在家者が訪れるとは思えない。第二に、それゆえに布施を集めることが難しい。そして第三に、高齢であるクマラ長老の健康が心配である、といった諸点である。それに対してクマラ長老は、次のように答えたという。

何のための寺院なのか。どのような寺院をつくりたいのか。律に則った出家生活を実現させるためではないのか。都市で瞑想するよりも、森で寝る方が尊い。都市には煩悩（貪瞋痴）を増幅させる刺激がたくさんある。そうした刺激から遠ざかるほど、心を管理しやすい。心を管理できれば、心が豊かになる。だから歴代の「阿羅漢（アラハン）」はみな、都市ではなく森で悟りを開いている。良い結果は、相応しい努力とそれを可能にする良い環境とによって得られる。

その結果、過半数の在家者たちが意見を改めた。しかし依然として反対者がおり、その内の一人である退役軍人の男性は「森の教学寺院ですか。実現するまでに五十年くらいかかるかもしれませんね」と皮肉を言った。それに対しクマラ長老は、「五十年でできるのなら悪くない。都市の中では百年かかっても無理だ」と答えた。これには反対者も黙るしかなくなり、最終的に「森」に拠点を構えることで全員が納得したという。

そこでチートゥエさんたちは、ヤンゴン郊外のフモービー町近くにある、幹線道路から二キロほど外れた七エーカーの土地を七万チャット（当時のレートは不明）で購入し、ここに最初の建物を建てた。ここへ一九八六年五月にクマラ長老とメダタラ長老が移り住んだことによって、タータナ寺院の活動が始まる。「森」こそが律遵守の出家生活を行うのに相応しい。そのためにあえて在家者の居住空間から離れる。つまり経済的な不利益よりも修行の利益を優先する。これがクマラ長老の、そして最終的にはタータナ協会の決断であったと言える。

二　「律」にこだわる理由

「律を守りたくても守れない」？

タータナ寺院はなぜ律にこだわるのか。そこにはどのような「布教」の論理があるのだろうか。次にこの問題についてみていこう。

律にこだわる理由は、一義的には出家者自身の修行を促進するためである。つまり律遵守の生活を送ることは、何よりもまず出家者自身の利益に適うからである。ただし、律遵守の生活には、出家者自身の努力だけではどうにもならない部分がある。たとえば出家者は金銭に触れることを禁じられている。しかし金銭の布施もあるし、買い物も必要である。ではどうすればよいのか。

こうした難題を解決する手段として、上座部仏教には「浄人（カピヤ）」という仕組みがある。浄人とは、一言でいえば、出家者の代わりに出家者の財を管理するような在家者を指す。出家者は自らの手でお金を受領・使用することはできないが、浄人が金銭を受け取り、それを管理・使用することは問題ない。メダタラ長老の教えによれば、在家者からお金を布施したいという希望を伝えられた場合は、「浄人を知れ」と言って浄人を案内したり、「（ある場所を指して）ここが安全である」と言って置いてもらい、後から浄人に受け取ってもらったりすればよい。

同様のことは金銭以外のモノについても言える。出家者の所持品については、その日暮らしを原則として薬以外の食料品を貯蔵してはならない、必要以上の袈裟や鉢を所持してはならない、といったルールがある。では余分な食料品や袈裟や鉢がある場合はどうするか。その場合は浄人に預け、必要になった場合に再び布施してもらえばよいのである。このように浄人の存在によって、出家者が財を所有・使用できる可能性が生まれる。つまり浄人を介することによって、出家者は金銭や種々の物品を「所有せずに所有する」ことが可能になる。出家生活とは、出家者と在家者双方の努力によって初めて十全に実現しうるのである。

ただし、この浄人システムは常に有効であるわけではない。たとえば出家生活にはどのようなルール（律）があるのか、出家者とどのように接するべきかについて、在家者がきちんと理解していないことも多い。また在家者の助力は不足する場合も当然ある。浄人を連れて移動すれば、移動代金も余分にかかることになる。そのため「律を守りたくても守れない」「律をきちんと守れるのは裕福な長老だけ」といった声がしばしば聞かれる状況となっている。

ティッカニャーナ比丘の憂鬱

「律を守りたくても守れない」。そんな不満を聞くたびに、私は瞑想センターにいたときに出会ったティッカニャーナ比丘の浮かない顔を思い出す。私は一カ月の瞑想コースを終えると、ある程度の自由が許され、出家者たちとも会話できるようになった。彼らは既に瞑想コースを修了しており、仏教試験のための勉強をする者、英語やコンピューターの塾に通う者、特に何もしていない者などいろいろいた。その中の一人がティッカニャーナ比丘だった。

一九七八年生まれのティッカニャーナ比丘はザガイン管区の村で育った。十一歳のとき、村の慣習に従って十数人の子供たちと一緒に沙弥出家した。ほかの子供たちは数日から数週間で還俗《げんぞく》したが、彼は出家生活が気に入ったのでそのまま寺院に滞在した。彼の師僧となった村の住職はシュエジン派に属していたので、彼も自動的にシュエジン派の沙弥として登録された。その後、いくつかの教学寺院を渡り歩き、二十五歳のときに最難関の講師試験にも合格した。しかし仏典に習熟するほど、比丘が守らなければならない律の多さ、そしてそれらをしっかりと守らないと大きな罪になるということを知って怖くなり、還俗を考えるようになった。

しかし還俗しても行き場があるわけではない。そこで瞑想修行をするため、モン州のモーラミャイン町にあるパオ瞑想センターに行った。結果、最年少で瞑想指導者の資格を取ったが、瞑想の過程で神通力（超能力）に関心が出てきてしまった。次第に瞑想もうまくいかなくなり、パオを去ることになった。次に彼はヤンゴンで英語を勉強することにした。海外（スリランカやインド）の仏教大学にでも留学して、将来の展望を開こうとしたのだ。なかなか受け入れてくれる寺院が見つからなかったが、村の師僧の人脈をたどって、私がいた瞑想センターにやってきたのだった。

あるとき、夕方の勤行に参加すると、見慣れない出家者がいた。一人だけ小豆色の袈裟を着ていた。それがティッカニャーナ比丘だった。後でわかったことだが、この袈裟はシュエジン派に特徴的なものだった。瞑想センターは最大派のトゥダンマ派の寺院だった。ミャンマーでは、異なる宗派の出家者が同じ寺院に滞在することは珍しくない。特に多くの学生が集まる教学寺院では一般的である。ただし彼は袈裟の色と同じく周囲に馴染んでいなかった。ただ一人の外国人だった私も似た者同士であり同年代だったので仲良くなり、朝食後は彼の日課の散歩についていくようになった。

彼は金銭の取り扱いに無頓着な出家者たちを批判していた。「出家者は金銭に触れてはならない。もし出家者がお金を持っていたら、売春婦を雇うかもしれない。結婚したくなるかもしれない。そうなれば、もはや出家者ではなくなる」。その瞑想センターには住み込みの在家者が男女合わせて五人から十人ほどいた。彼らは居候させてもらう代わりに寺院の雑務を手伝うのである。もちろん、寺院全体のお金を管理する浄人はいたが、各出家者は自分の財産は自分で管理し、様々な必需品を自分で購入していた。

ティッカニャーナ比丘は、律に違反することをほとんど恐怖に感じていたので、センターにいる在家者に金銭管理や買い物を頼もうとした。こうした行動は、センターの出家者や在家者を苛《いら》立《だ》たせた。出家者たちは、自分たちが律に違反していることを暗黙のうちに非難されていると感じているようだった。在家者たちは、彼のことを厄介者だと思うようになった。彼は地元の村から七、八歳くらいの少年を呼び寄せて浄人の役割をさせようとしていたが、それもうまくいかなかった。結局、彼は英語の勉強を諦め、センターを去っていった。

律遵守の教学寺院をつくることの意義

こうした「律を守りたくても守れない」という問題が集約されているのが、多数の出家者を抱える都市の教学寺院である。教学寺院の多くは、寺院全体での食事を用意せず、個々の出家者に任せている場合が多い。その場合、学生たちは授業の合間をぬって托鉢に出かけるか、あるいはその時間がなければ金銭によって食事を購入することになる。しかし浄人がいるようなケースはまれであり、その場合はほとんど不可避的に律を犯すことになる。多くの教学寺院はそのことに十分な対策を講じていない。この点について、ある教学寺院の住職は次のように語る。

教学寺院は、学生たちに都合がいいように規則を緩めているところが多い。サッカーをしてもよい。テ

タータナ寺院の授業の様子。ミャンマーの教学寺院では伝統的に机を用いない(2008年)

レビを見てもよい。お腹が空くならば夕食を食べてもよい。町を歩き回ってもよい。ちゃんと勉強をして、仏教試験に合格するならば、多少のことには目をつぶる。そして勉強をして仏教のことについて詳しくなれば、自ら律を守るようになる、と考えている。しかし実際はなかなかそのようになっていない。規則を守らない沙弥は、比丘になっても律を軽視する。あるいは、散々律に反した生活を送った挙げ句に、律違反の罪の重さを知り、比丘として生きる意欲を失い、沙弥に戻ったり還俗したりしてしまうということもある。高名な長老であっても、そういうことが起きている。

ミャンマーでは十代から二十代前半は、各地の教学寺院を転々としながら仏教試験合格のための勉強に励む。しかし都市部の教学寺院での生活は、金銭を自分で取り扱う必要があり、それが各種の律違反を誘発する。また、律違反が厳しく取り締まられることもないため、学生たちは次第に律違反に慣れていく。このように都市部の教学寺院は、律を軽視する学僧の生産拠点となってしまっている。そしてこうした律軽視の学僧が各地の寺院を率いるようになるため、結果として律の弛緩傾向が拡散することになる。このように教学寺院における律の弛緩は、ミャンマー仏教全体の質にかかわる構造的問題となっている。そしてこうした状況に一石を投じようと設立されたのがタータナ寺院だった。

村・町の寺院の社会福祉的機能

先述したように律を守ることは第一に、出家者にとって利益がある。では、社会（在家者）にとってはどのような意味があるのだろうか。この問題を考えるためにまず一般的な村・町の寺院を見てみよう。

タイ仏教研究者の石井米雄《よねお》は、タイの寺院には、①学校、②貧困者福祉施設、③病院、④旅行者の宿泊所、⑤社交機関、⑥娯楽場（祭りなど）、⑦簡易裁判所、⑧芸術的創造と保存の場、⑨共有財産の倉庫、⑩行政機関の補助施設、⑪儀礼執行の場といった役割があると指摘している（石井米雄『上座部仏教の政治社会学』創文社、一九七五年、五二頁）。同様のことはミャンマーの寺院にも言える。たとえばシャン州出身のある比丘は村の寺院について以下のように語る。

村の比丘にはいろいろな仕事がある。たとえば年中行事や冠婚葬祭など、村の行事に参加する必要がある。それから村の子供たち（沙弥を含む）の世話がある。子供たちにミャンマー語の読み書きや仏教の基礎を教えるほか、町の教学寺院や政府の学校へ送り出す。ほかにも、村人のための雑多な用事がある。村人の相談を聞いたり、伝統的な薬を処方したりする。村人がテレビを買いたいときは比丘に頼む。村人の中には町に出たことがない者もいて、テレビの買い方がわからないからだ。町に用事があるときは、村の代表として比丘が行くことが

多い。村人は比丘を頼る。だから村に住む限り、比丘は村人の問題を自分の問題として考え、
村人のために活動しなければならない。

村・町の寺院は地域社会の結節点として、在家者のニーズに応じた様々な役割を果たしている。近年は瞑想人気が高まっており、それに対応する形で瞑想コースを開催する寺院も増えている。また出家者による現世利益的なサービス（占い、お守りなど）の人気も安定して高い。特に各種の占い（占星術など）に長《た》けた出家者のもとには、宗教の枠を越えて熱狂的なファンたちが集っている。こうしたファンには事業を営む裕福な都市住民が多く、出家者の助言によって事業がうまくいった際には、莫大な額の返礼を行うことも珍しくない。したがって「最も裕福なのは占いをやっている寺院だ」などと言われる。

社会福祉的な活動に特化した寺院もある。急速な都市化・市場経済化の進展は様々な社会問題をもたらしている。その一方で、ミャンマーでは行政による福祉サービスが不十分である場合が多く、また行政セクターに代わってこれらの活動を担いうる市民セクターも未成熟である。さらに軍政下では国際ＮＧＯの活動も大幅に制限されてきた。したがって社会福祉的なニーズは厖大《ぼうだい》に存在している。そこで都市部においては、こうしたニーズに対応しようとする動きも見られる。

ミャンマーにおいては、社会福祉活動を行う寺院は一般に「社会福祉寺院（パラヒタ・チャウン）」と呼ばれており、中でも教育分野での「寺院学校（バカ・チャウン）」の活動が目立つ。

ータタナ寺院のような教学寺院は通常、出家者に対する仏典教育に特化しており、英語・数学・地理・歴史といった世俗科目は教えない。したがって若い頃から寺院に住み、仏典学習に専念している出家者は、その期間が長ければ長いほど、在家者の世界から遠ざかっていく。たとえばある比丘は「ロンジー（ミャンマーの伝統服である巻きスカート）の着方も忘れてしまった。還俗してもどうやって生きていけばいいかわからない」と言っていた。

それに対し寺院学校は、世俗教育を行う寺院であり、公立の学校同様、卒業すれば中卒や高卒に相当する学位がもらえる。沙弥として通う場合も多いが、寺院学校に通っている沙弥はほとんどが卒業後に還俗する。こうした寺院学校は都市部・村落部を問わずに見られるが、特に都市部においては、①貧しくて公立学校に通えない子供たちの面倒をみる、②全国の孤児や貧しい子供たちの生活の面倒をみる、といった社会福祉的な機能を有する。

「在家者と親しくなるな」

森の寺院であるタータナ寺院は、これらの他の一般的な寺院とは大きく異なっている。すなわち、通常はもちろんのこと、布施の機会においてさえ、在家者と交流することを極力、避けようとしている。サンダティリ長老によれば、具体的には、①在家者に様々なモノ——木・竹・植物・果物・花・石鹸・洗顔料・楊枝・顔を洗う水など——を与えてはならず、②在家者に様々なサービス――占い、土地の浄化、医療行為、伝言や荷物運びなど在家者のお使いをする、在家者の仕事を手伝う、子供をあやすなど――を与えてはならず、③在家者に様々な言葉――ほめたりけなしたり、親しげに話したり、雑談に興じたりすることなど――を与えてはならない。このように在家者に対して何かを「与える」という行為は、それとひきかえに在家者から布施を得ようとするいわば疑似経済活動とでも言うべきものであり、ゆえに経済活動を禁じる律の原則に抵触するからである。それゆえにタータナ寺院を在家者として訪れると、出家者たちのあまりに冷淡な態度に驚くことになる。

ヤンゴン市内の寺院で調査をするのは簡単である。住職や年配の出家者たちの日課は、多くの訪問者の相手をすることであり、彼らは話をすることに慣れている。事前に住職の予定を確認し（昼寝の時間や外出している場合がある）、簡単な布施（袈裟やお菓子やお金など）を用意して向かう。住職の部屋は冷房が効いていて、お菓子やお茶などがたくさん出てくる。出家者個人の履歴、寺院の歴史、教義に関する質問など、聞けば何でも答えてくれる。調査を始めた当初は、研究テーマであったお金に関するインタビューができるのか、寺院の財政状況をどうしたら調べられるのかがわからず不安だった。しかしこうした質問も嫌がられることは一切なかった。ミャンマーでは在家者が寺院に行ったとき、何を布施すればいいかを確認するため、「四資具（衣食住薬）は順調ですか」と聞くことは極めて一般的である。この質問を足がかりとして、様子を見ながら財政状況の話題へと切り込んでいけばよい。また建物などの大きな布施の場合、布施者の名前や住所がリスト化されて、冊子になったり、寺院の壁に掲示されたりしている。それを見ながら質問することもできる。

これに対し、タータナ寺院を初めて訪れたときは、とにかくインタビューがやりにくかったのを覚えている。サンダティリ長老は教義的な質問には答えてくれるものの、出家生活の具体的な内容や寺院の財政状況についての質問には、「そういう問題には出家者は答えるべきではない」として回答がなかった。メダタラ長老に至っては、インタビューの途中で退席してしまうほどだった。しかしそれは私が在家者だったからであり、彼らは単に律を守っていただけだった。

布施儀礼の際、モノやカネがツリー状に飾り付けられることがある（ヤンゴン、2008年）

もちろん、タータナ寺院は在家者と全くかかわらないわけではない。托鉢や各種の布施儀礼——雨安居衣《え》布施式やカテイン衣《え》布施式といった年中儀礼や、寺院での日常的な招待食など——といった機会において、在家者から布施を受け取っている。この点について強調しておくべきなのは、上座部仏教においては、在家者からの布施を受け取るということ自体が、出家者あるいは寺院の重要な社会的役割になっているということである。

上座部仏教の究極的な理想は輪廻転生からの解脱（涅槃）にある。しかし現実には、善行によって功徳を積み、輪廻転生の中で良い生まれ変わりを果たす（天界に生まれ変わる）ことも重要な目標となっている。そこで、在家者にとって最も一般的な善行が布施、つまり自分の持っているヒト（労力）・モノ・カネを他者に提供するという行為である。布施の相手は誰であってもよい。ただし布施によって得られる功徳の大きさは、布施の受け手の清浄性によって異なるとされる。この点において、世俗から離れ清浄な生活を送る出家者は、在家者に功徳をもたらす装置、つまり「福田《ふくでん》」として、布施の最上の受け手であるとされる。ミャンマーにおいて在家者が出家者に対して惜しみない布施を行う理由はここにある。

ただしタータナ寺院では、布施の受け取り方にも、他の寺院にはない冷淡さが見られる。なぜなら在家者からの布施を「個人」として受け取ることを禁じ、すべて「サンガ」に布施させるようにしているからである。「サンガ」とは出家者の集合を意味するが、この場合は現実の出家者たち（タータナ寺院の出家者を含む）ではなく、上座部仏教における帰依の対象である三宝（仏法僧）の一画を担う僧宝を意味する。具体的に言えば、ブッダの教えに従い修行した結果、悟りを開いた阿羅漢たちである。

たとえばタータナ寺院では托鉢に行ったとき、在家者が施食する際には、「サンガ（僧宝）に布施します。この功徳によって涅槃に行けますように。この功徳を生きとし生けるものに回向《えこう》（死者を含む他者のために回し向けること）します」という文句を必ず唱えてもらう。このような方法をとることによって、個人として布施を受け取ることを慎重に避けているのである。それは他の布施儀礼においても同様である。「在家者と親しくなるな」。これが出家中、私がメダタラ長老から何度も注意されたことだった。

「世俗的な幸せ」と「超俗的な幸せ」

以上のように律遵守を標榜するタータナ寺院は、在家者に対して極めて冷淡な態度をとる。それは「出家」という理想を担保する試みとも言えるかもしれない。しかしそうは言ってもその修業・生活は在家者からの布施なしには成立しえない。「もらいっぱなし」で何ら社会に対して積極的な貢献をしようとしないタータナ寺院のあり方は、自分たちの救いにのみ専心していて利己的であるようにも見える。

実際にこの問題は、仏教史上、たびたび議論になってきた。たとえば大乗仏教は、上座部仏教に連なる初期仏教が理想とする「阿羅漢」という聖者像を、自己の救いにのみ専心した利己的（小乗的）なものであるとして批判する中から登場してきたと言われている。そして一切衆生を救済するために、自ら仏になることを目指す「菩薩」という新しい聖者像を提示した。つまり他者も救おうと努力するという利他的（大乗的）な精神を強調したのである。

では、タータナ寺院では社会に対する布教をどのように考えているのだろうか。この問題を考える上で重要なのが、「幸せ」の定義である。誰もが「幸せ」になりたいと願っている。ではその「幸せ」とはなんだろうか。メダタラ長老によれば、「幸せ」には二種類ある。「世俗的な幸せ（ローキー・チャンター）」と「超俗的な幸せ（ロウコッタラ・チャンター）」という区別である。「世俗的な幸せ」とは、欲望が満たされることによって得られる満足、言いかえれば物質的な幸せである。それに対し「超俗的な幸せ」とは、欲望から離れることによって得られる心の平安（涅槃）、言いかえれば精神的な幸せである。

おいしい料理を食べ、快適な住環境で過ごしたい。いつまでも健康でいたい。愛する者と一緒にいたい。他者から認められたい。欲しいものを手に入れたい。こうした欲望は誰しもが自然と持っており、人生の原動力ともなるものである。しかしメダタラ長老によれば、欲望は決して満たし切れないものであって、欲望を追求することは苦しみにしかつながらない。老・病・死という人間に普遍的な事実をはじめとして、この世界には何一つ自分の思い通りになるものはない。思い通りにならないことに、思いをかけ期待することは、自分で自分の首をしめるようなものである。したがって上座部仏教が求めるのは、欲望から離れることであり、それによって得られる心の平安である。

こうした欲望からの脱却は、無常・苦・無我の体験的理解によって達成できるとされる。そしてそのために、八正道に集約される修行方法が提示されている。つまりここで重要なのは、「超俗的な幸せ」とは、他者が与えることができるものではなく、自分で実現するしかないという点にある。つまり自ら修行に励み、欲望から離れるように生きなければならない。しかしながら、それは欲望に逆らうことであるがゆえに、その道を歩むのは困難である。この点についてメダタラ長老は次のように述べる。

すべての人に道は開かれている、すべて説き尽くされている。しかし涅槃への道を進もうとする人は少ない。人々が望んでいるのは「世俗的な幸せ」であって、「超俗的な幸せ」ではないからである。「超俗的な幸せ」というものがあることにすら気がつかない人が多い。在家者から「涅槃にはおいしいご飯がありますか」などと聞かれたりする。そこで「涅槃にはご飯はないし、きれいな女性もいない」と説明すると、「じゃあ涅槃に行かなくてもいいです」などと言う。涅槃に執着するようでは、涅槃を願っているとは言えない。

出家者の媒介的役割

したがって出家者がなすべきことは、「世俗的な幸せ」を追求する在家者を、「超俗的な幸せ」への道へと誘うこと、言いかえれば在家者が自分で修行しようという意欲を育み、それを支えることである。そしてそのために重要なのは、出家者が自分の姿を通じて、在家者に三宝（仏法僧）を具体的に予感させることであるとされる。メダタラ長老は言う。

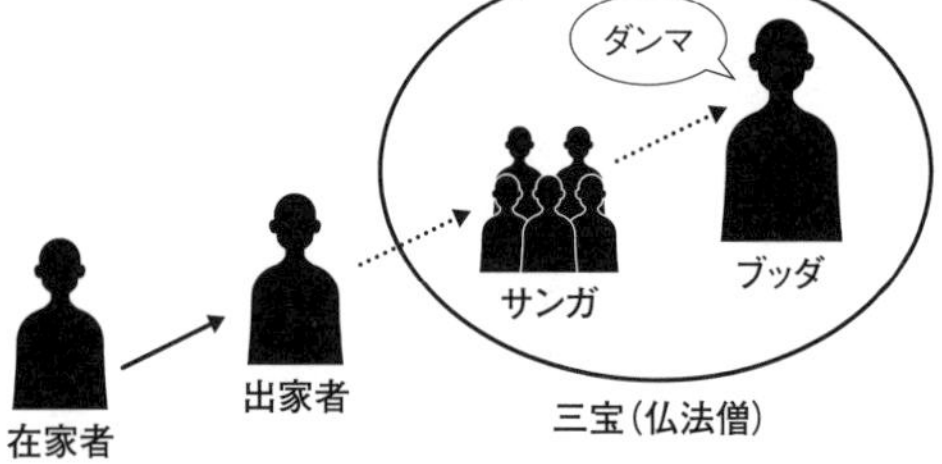

出家者の媒介的役割（在家者は出家者の姿を通して三宝を予感できる）

修行のために最も重要なのは三宝への帰依である。三宝に帰依することによってはじめて、涅槃という世界があり、そこに到達することができるという感覚を養うことができる。現実の出家者たちは、まだ修行中の身であるという点で、涅槃の境地を実現したサンガ（僧宝）には及ばない存在である。しかしそれでもなお現実の出家者は、在家者にとっては最も身近な三宝への接点である。つまり在家者は、修行に励む出家者の姿を通してはじめて、その先にあるサンガを想像することができる。サンガを思うことができれば、彼らを涅槃へと導いたダンマ（仏法）、そしてそのダンマを説いたブッダの存在をも思うことができる。そのためには在家者に寄り添うのではなく、在家者から離れ、理想的な出家者、つまりサンガを予感させる存在として接しなければならない。

さらに、このようにサンガを予感させることは、在家者を理想の布施行《ふせぎょう》に導くことになるという。

布施行とは、自分が欲望の対象として執着しているものを手放すための練習である。大切な何かを手放すことは、同時に自分の心を執着や欲望から解き放つことになる。こうした執着から離れた心の状態を「功徳（クドー）」という。だから重要なのは布施するときの心の状態、動機である。見返り・返礼の期待など、欲望・執着を動機とする場合は功徳にならない。それは「功徳のため」の布施も同じで、たとえば功徳を積んで来世でお金持ちになりたいと考えて布施をしても、功徳にならない。このように功徳は結果として得られるものであり、求めると得られないものである。この点において最も功徳のある理想的な布施は、サンガへの布施である。在家者によっては自分の好きな出家者にだけ布施しようとする者がいる。しかし個人に対する布施は、その人から好かれたい、恩に着せたい、見返りが欲しいなど、動機がよくない。サンガの徳を思ってなされた布施の方が、個人に対する布施よりも功徳が大きい。なぜならサンガの徳を思うとき、その心は欲望から離れているからである。

突き放す優しさ

このメダタラ長老の教えを、身をもって実感したのはある托鉢へ行ったときであった。一口に托鉢と言っても、寺院によってその方法は様々である。集団で行くか、個人で行くか、あるいは、あらかじめ托鉢に応じることを約束した家々を回るか、在家者の家の前で立ち止まり布施をしてくれるか様子を窺うか、といった違いである。寺院全体で托鉢を組織化する場合もあれば、個々人に任せる場合もある。また、托鉢に向かう時間帯も様々である（朝食前か後かなど）。

タータナ寺院の場合は個人托鉢や特定の家庭に托鉢に行くことを認めていない。在家者と親しくなりやすいからである。四つのグループに分かれて、あらかじめ決めた托鉢ルート（周辺の村々やフモービー町の各地区）を順番に回ることになっていた。そのルートには事前に知らせておいて、希望者は施食できるようにしてある。托鉢に際しては、左手に大きな団扇を持ち、在家者と目を合わせないように気をつける。

私は毎日、メダタラ長老について托鉢に行った。酷暑の場合、一時間半の道のりを、熱々の白米を金属製の鉢に入れて歩くのはかなりの体力がいる。特別な事情がない限り毎日托鉢に出ているメダタラ長老の体は引き締まっていた。舗装されていない道は小石やゴミが多く、足の裏が痛かった。しかし実際に怪我をしたのはコンクリートで舗装された道を歩いたときだった。平坦なので、足の裏の同じ箇所がすれてしまうのである。「日本人は軟弱だ」と長老は笑った。

周辺の村々は、経済的にとても貧しい家が多かった。本書冒頭で記したおばあさんに会ったのはこのときだった。ある村で、おばあさんはいつも炊いた白米を茶碗一杯、お布施していた。ある日、おばあさんは何も持っていなかった。しかし、私たちが通り過ぎるのを家の前で礼拝しながら見送っていた。おそらくお布施できるご飯がなかったのだ。だから、せめて礼拝していたのだろう。雨季が終わりかけの時期で、ぬかるんだ地面にひざを突いて、おばあさんは私たちに三拝していた。おばあさんのロンジーは汚れていた。

私はその光景に少しショックを受けて、「あのおばあさん、食べるものがなかったんですかね」とメダタラ長老に話した。すると長老は「おばあさんをかわいそうだと思うのか。だとしたらお前は何をしたいのか」と逆に尋ねてきた。「根本的な解決策にはなりませんが、経済的な支援をしたくなる気持ちもわかります。それも布施の一種だと思います」と答えると、長老は言った。「お前は今、出家者である。出家者としてやるべきことは、そのおばあさんの肩を抱いてあげることではない。そうではなくて、自分の姿を通して、世俗的な幸せとは違う、超俗的な幸せというものがあるということを示してあげなければならない」

しかし私はまだ出家して数週間の新米であった。それは私には荷が重い気がした。それを伝えると長老は言った。「出家期間が一週間だろうが一日だろうが、おばあさんにとっては関係ない。出家者である以上は、在家者に涅槃という世界を垣間見せられるような存在にならなければいけない。だから、もしおばあさんのことをかわいそうだと思うのなら、出家者としての生活を一生懸命に全うしなければならない」。それは、言いかえれば律をしっかり守れということだった。寄り添う優しさとは別に、突き放す優しさというものがあるのだと理解した。

自利行が利他行になる

それでは逆に、タータナ寺院においては、在家者に対する社会福祉的サービスはどのように評価されているのか。サンダティリ長老は次のように述べる。

「福祉活動（パラヒタ）」は、仏典では禁止も奨励もされていない。もし布施が潤沢にあり、在家者の協力も多いのであれば、福祉活動にかかわるのも重要なことである。しかし布施や協力者が少ない状態で無理に福祉活動を行うならば、出家者自身が社会と深くかかわらなければならなくなる。社会と深くかかわると、在家者の心になりやすい。つまり資金の工面に奔走したり、子供のおむつを洗ったりしている内に、出家者としての心を忘れてしまう。世俗生活に惹かれ、修行への意欲も減退しやすい。それゆえに、福祉活動に関わる長老の還俗は多い。福祉活動を優先して出家者としての修行が疎《おろそ》かになるならば、自他共に害する結果をもたらす。

もちろん社会福祉活動をしている寺院は、「超俗的な幸せ」を度外視して「世俗的な幸せ」のみを追求しようとしているわけではない。社会福祉寺院でのインタビューでは、福祉活動はいわば呼び水であり、それをきっかけとして仏教への理解や実践を深めていくのが目的である、という話をしばしば聞いた。つまり「世俗的な幸せ」への貢献が「超俗的な幸せ」へとつながっていくという発想である。また、こうした活動に携わっている出家者たちには、苦しむ人々を放っておけないという強い気持ちが感じられた。

タータナ寺院も、そうした福祉活動を否定しているわけではない。しかし「世俗的な幸せ」を提供することと、「超俗的な幸せ」へと誘うことを、そう簡単には接合できないという考えが読み取れる。出家者の安易な社会参加は、何よりも出家者自身の「自利行《じりぎょう》(アタヒタ)」を損なう危険性があるとされる。出家者が出家者としての生き方を貫徹できなければ、在家者を「超俗的な幸せ」に誘うという出家者の役割も蔑《ないがし》ろにされてしまう。したがって出家者が社会から離れ、自らの修行に専心するのは義務であり責任でもあるということである。

メダタラ長老によれば、ミャンマー語の「布教(タータナピュ)」という言葉には、単に他者に仏教を広めるという意味だけでなく、自らの内に仏教を広げていく(教えを学び体得していく)という意味も含まれる。つまり「自利行」と「利他行《りたぎょう》」という両面を含意している。ミャンマーにおいても「自利行」と「利他行」のどちらを優先するべきかという議論がある。しかしタータナ寺院においては、両者は別の活動ではない。

タータナ寺院が強調するのは、一方では自力救済・自業自得という世界観である。自分の心というのは自分で管理しなければならない。他者がどうこうできるものではない。その一方で、出家者が一生懸命に律を守るというのは、自分の修行であると同時に、在家者を修行にいざなう手段にもなっている。「涅槃という世界があるのかもしれない。だとしたら自分も一生懸命、五戒を守ろう。お布施をしよう。機会があったら瞑想しよう」という信心を、在家者の内に養っていくのである。在家者もまた、自分の欲望から離れるための修行として布施をする。「これは私のものだ」という風にしがみつくのではなく、大切なものであるからこそ、それを人に与える。それ自体が執着を避けていくための重要な修行である。しかしそれは同時に、出家者の生活・修行を物質的に支える手段にもなっている。つまり「自利行」とは決して孤独な営みではなく、出家者が在家者を、在家者が出家者の修行を支えるという「利他行」として展開している。

タータナ寺院を出る

このようにタータナ寺院は出家者／在家者という区別を強く意識した態度をとるがゆえに、タータナ寺院の印象は接する者の立場によって大きく変わる。私が実際に出家してみてわかったことは、寺院内は互いに打ち解けた空気に満ちているということだった。サンダティリ長老やメダタラ長老は「出家者同士、何も遠慮することはない。何でも聞け」と私を迎えてくれた。先輩比丘たちとは、村のこと、日本のこと、瞑想のこと、その他いろいろなことを話した。沙弥たちとは、広い境内を一緒に散歩し、植物や昆虫を見て回った。野良犬が境内で出産したとき、一緒にご飯をあげて世話をしたのは楽しかった。ミャンマーの出家者のほとんどが村落部出身であり、仏教への関心というより、貧困や教育機会の乏しさから出家している。こうした子供たちは国軍や、反政府ゲリラに誘われることも多い。「出家するか、軍隊に入るか」は、村の貧しい子供たちが直面する「二択」である。それはタータナ寺院でも明らかだった。寺院に入ってみれば、彼らは普通の若者だった。

二カ月の出家生活が終わり、私は日本に帰国するために還俗した。還俗の儀礼が終わり、袈裟を脱いだ私に対して、メダタラ長老は短く「行け（トワ）」と言った。私は三拝してメダタラ長老の僧坊を後にした。タータナ寺院を去る前に、私は感謝の気持ちを込めて、寺院全体に朝食・昼食の布施をすることにした。奮発して、みんなが好きだと言っていた肉料理やデザートも用意した。タータナ寺院でこのような招待食をする場合、施主は食堂の入り口で、出家者一人ひとりの鉢に白飯を入れることになっていた。擬似的に托鉢の形態をとっているのである。私はヤンゴンから迎えに来てくれた友人たちと共に、出家者たちの列を出迎えた。法臘《ほうろう》（出家してからの年数）の多い順に歩いてくる。メダタラ長老が来た。サンダティリ長老が来た。兄弟子のテゾ比丘が来た。「森の僧」のウィトタ比丘が来た。ただし彼らは私に声をかけることも目を合わせることもなく、過ぎ去っていった。友人となった若い比丘や沙弥たちが来た。何人かは私にこっそり微笑んでくれた。

タータナ寺院の食堂。法臘（出家年数）順に前から並んで食事をとる（2008年）

出家者の食事が始まり、私は食堂の後ろから出家者たちを見守った。剃髪をして同じ色の袈裟を着て、無言で食事をとる出家者たち。離れた場所から見ると、もはや一人ひとりの区別がつかなかった。その瞬間、私の前に「サンガ」という集合が浮かび上がって見えた。それは人生で最も感動的な光景だった。「在家者と接するときは、個人として接するな。サンガとして接しろ」というメダタラ長老の教えが頭の中に響いた。出家者たちにはそれぞれいろいろな事情があって出家し、タータナ寺院に来ている。しかし還俗した私は、そうした個性にもう触れることはできない。寂しさと共に、そのように懸命に生きようとしている出家者たち一人ひとりへの深い感謝の気持ちが沸き起こった。調査が無事に終わってようやく帰れるという安堵の気持ちも相まって、私はただ、ぐちゃぐちゃになって泣いた。

タータナ寺院の社会的評価

以上のようにタータナ寺院には、律を遵守して在家者と個人的な交流をもたないようにすることが、出家者のみならず、在家者の「超俗的な幸せ」にも貢献するという布教観がみられる。ではこうした布教の試みは、実際に社会からどのように受け止められているのか。

結論を先に言えば、タータナ寺院は社会から多くの布施を集めることに成功している。一九八六年にタータナ寺院が設立された当初は、初代住職のクマラ長老とメダタラ長老の二人だけが小さな僧坊で暮らしていた。その後、五年余りは二人で生活していくだけでも大変で、他の出家者を受け入れる余裕はなかったという。しかし一九九〇年代以降、急激に布施が集まるようになり、私が出家した二〇〇八年には、何もなかった「森」には立派な建物が並び、水や電気が整備され、三階建ての講堂を筆頭に、十以上の僧坊を構えるまでになった。それに伴い出家者数も一九九六年には百人、二〇〇六年には二百人を突破した。これはヤンゴン都市部の大教学寺院に匹敵する規模である。その後も図書館や新たな僧坊が建設されている。

こうした物的環境の整備を可能にしているのは、ヤンゴンやフモービー町に住む都市住民からの莫大な布施である。ミャンマーには日本のような檀家制度は存在しない。そもそも寺院には墓がない。ミャンマーの仏教徒は墓をつくる習慣がないからである。輪廻転生の世界観において、「遺体には草履《ぞうり》ほどの価値もない」という言い回しが存在するほどである。人が亡くなると、村落部であれば土葬して特に墓碑などは建てず、都市部であれば火葬して遺灰は捨ててしまう。また出家者が葬式にかかわることもない。遺族は命日の機会などに寺院やパゴダに布施をして死者に対して回向をするが、それも決まった寺院でなくてよい。ミャンマーの仏教徒はたくさんの布施をするが、布施先は選択的・流動的である。

それでは都市住民は、なぜ数多ある寺院の中からわざわざ遠方にあるタータナ寺院を選んで布施しているのだろうか。そもそも都市住民は、遠距離にあるタータナ寺院の存在をどのように認知しているのか。タータナ寺院は、都市部の寺院によくみられるような、布施調達のための積極的な広報活動（看板や新聞広告など）を行っていない。そのため、タータナ寺院を知る機会は、托鉢や各種の布施儀礼に参加するか、口コミに限られている。

私が行った調査によれば、タータナ寺院を積極的に支援している都市住民は、一般的に布施行に熱心であると言われる年代よりも若い三、四十代の人々で、なおかつ自家用車を持っているような裕福な世帯が多い。彼／彼女らと話していて感じたのは、仏教についての知識が豊富であり、そうした知識をもとに出家者を評価する傾向にあるということだった。こうした仏教についての関心を支えているのは、瞑想センターや屋外で行われる大規模な説法会の普及、各種の仏教メディア（説法会の様子を録音・録画したテープ／CD／VCD／DVD、平易なミャンマー語で教義や瞑想法について解説するような数十ページの小冊子など）の発達である。

こうした各種の機会やメディアの発達は、都市住民が自ら仏教を学び、より主体的に実践する機会を大幅に増やしている。そしてその目標も、従来のような、功徳を積んで良い転生を果たしたいというものから、より直接的に涅槃を志向するものとなっている。その傾向は、特に若い世代において顕著である。彼／彼女らは、ミャンマー語でわかりやすく説かれた仏教教義を学び、そして時間に余裕があれば瞑想コースにも参加する。また、どの説法が良いか、どの仏教講座が良いかなどについて様々な情報交換を行っており、それが「法友（ダンマメイッスエ）」と呼ばれるようなネットワークを形成している。

重要なのは、このような仏教への関心の増大は、「出家者とは何か」「出家者とはどのような存在であるべきか」という問いをも先鋭化させていることである。そして律を遵守し、社会と積極的にかかわろうとしない出家者こそ「本物」であるという認識が広がりつつある。その一方で、身近にいる出家者、いわば「都市の僧」の多くは、こうした「本物」志向に合致しない。特にひと目でわかるような出家者の律違反（金銭に触る、午後に食事をとるなど）への失望を口にする都市住民は多い。つまり知識としての出家者像と、現実としての出家者の姿のギャップが、都市寺院に対する不満として蓄積されることになる。それに対し、律遵守の理想を追求するタータナ寺院は、彼／彼女らが思い描く「本物の出家者」に具体的な形を与えてくれる存在であった。それゆえに「森の寺院」に深く傾倒するようになったと考えられる。

宗派を超えて集まる出家者たち

このようにタータナ寺院では、布施が増加したことによって多くの学生を受け入れることが可能となった。先述したように、一般の教学寺院においては律違反が横行する傾向にある。教学を優先すれば律が守れない。それに対しタータナ寺院は、教学と律遵守の生活の両立を目指している。そのため律に敏感な全国の長老たちの注目を集めるようになり、各地からその弟子たちが送られてくるようになった。私が滞在していた二〇〇八年は、雨安居前に収容可能人数を超える入学申込がきたので、その多くを断らざるをえない状況だった。雨安居とは、もとは「雨季の定住」の意味で、インドで初夏に雨が続く時期に出家者が外出を避けて集団生活をする制度のことである。法臘は雨安居の回数で数えられ、雨安居明けには懺悔の集会（自恣儀礼）が行われるため、出家者にとって非常に重要な意味をもつ。

ここで、ミャンマーにおける出家者の移動性の高さという特徴について触れておきたい。この場合の移動とは、帰郷や旅行といった短期の移動ではなく、滞在する寺院を移り変えることを意味する。こうした移動は、特に十代から二十代の仏典学習期に目立っている。それでは、なぜ若い出家者たちは移動を繰り返すのか。その理由は教学寺院毎《ごと》に、教学のレベル、得意分野（律・経・論）、生活環境の良さなどに違いがあるからである。したがって若い出家者たちは、自分の望む授業や生活環境を提供してくれる教学寺院を探して、あるいは師僧の助言に従って、複数の教学寺院を渡り歩くのである。

そして俯瞰的にみるとこうした移動には、①村落部から都市部へ、②山岳部（少数民族地域）から平野部（ビルマ族の地域）へという大きなパターンがある。なぜなら教学寺院の分布は、平野部の都市に集中しているからである。教学寺院が都市部に多いのは、多数の学生を抱えるためには、水や電気といったインフラのほか、多くの運営コストが必要だからである。また平野部に多いのは、仏教試験がミャンマー語（ビルマ族の言語でミャンマーの公用語になっている）で行われるため、ミャンマー語の習得が不可欠だからである。

そこで重要なのは、こうした移動は宗派の境界を越えているということである。教学寺院では通常、学生がどの宗派に所属しているかは問題にしない。学生の側も、良い教学寺院があれば、自分の所属している宗派でなくとも、そこで学びたいと考える。そもそも多くの出家者にとって、宗派は意識的に選ばれるのではなく、村の師僧が所属する宗派に自動的・偶発的に所属するにすぎないので、特別な愛着もない。その結果、教学寺院においては、異なる宗派同士の出家者が「同じ釜の飯を食う」ことになる。こうした生活を若い頃から続けている内に、宗派意識はさらに弱まることになる。タータナ寺院もシュエジン派の寺院であるが、学生はシュエジン派に全く限られていない。つまり教学寺院には、宗派の境界を越えた出家者のつながりをもたらす機能がある。この点について、ヤンゴンの寺院で住職を務めている最大宗派トゥダンマ派に属する四十代の比丘は、次のように語る。

昔は、宗派間に対抗意識があった。たとえば自分の出身地であるザガイン管区のモンユワ町では、在家者が施食の機会にトゥダンマ派の出家者とシュエジン派の出家者を一緒に呼んでも、同じテーブルに座ることはなかった。またトゥダンマ派の寺院が主催する儀礼にシュエジン派が参加することはなかった。しかし自分の世代は、そうした対抗意識は弱い。教学寺院で出会った友人がたくさんいるからだ。

その一方で、民族の境界は逆に強化される傾向がある。仏教試験がミャンマー語で行われることに対抗して、民族語の仏典をつくったり、自前の仏教試験を実施したりするケースもある。また同じ民族だけで構成される民族寺院も珍しくない。こうした民族意識が教学寺院に持ち込まれると、厄介な問題になりやすい。そして後述するように、タータナ寺院でもビルマ族とラカイン族の仁義なき戦いが繰り広げられることになる。

三　在家者による寺院経営の可能性

管理委員会の存在

初めてタータナ寺院を訪れてからしばらくして、私はシュエダゴン・パゴダ近くに事務所を構えるタータナ協会を訪ねた。タータナ協会かつタータナ寺院管理委員会の幹部であるチートゥエさんとエーエーさん夫妻に会うためだった。先述のように、建築士である二人はタータナ寺院の建物の設計もすべて行った。夫のチートゥエさんはおとなしかったが、仏教教義に詳しく、一を伝えたら十を理解してくれるような頭脳明晰な人だった。私が研究でミャンマーに来ていることも正確に把握してくれ、いろいろと調査の便宜を図ってくれたり、必要な資料を見せてくれたりした。

妻のエーエーさんは瞑想の達人でもあった。四十代の頃、六十日間の集中的な瞑想コースを受けたのを契機として、瞑想実践を日課としていた。その瞑想センターでは、過去世《かこせ》（前世）を見たり、天界へ行ったりするプログラムがあるらしく、不思議な話をたくさん聞いた。帝釈天《たいしゃくてん》と喧嘩をしたとも言っていた。帝釈天は自分の宮殿のほかに、女性と交わるための建物をいくつも持っていて、それが女性関係に厳しいエーエーさんは気に入らなかったそうだ。散々罵声《ばせい》を浴びせて帰った後、「言い過ぎたかな」と反省し、瞑想指導者である長老には黙っていた。しかし後にその長老が帝釈天と会ったとき、「お前のところからきた女性に喧嘩を売られたぞ」と告げ口されたので、ばれてしまったという。

「前世は地獄に落ちかけた」とも語っていた。戦時中のミャンマーに生まれ、日本軍の蛮行を目撃して憤死したら、地獄に堕ちそうになったという。ただその途中で地獄の門番に「そっちへ行くんじゃないぞ」と声をかけられたので、なんとか引き返して今の人生に至ったという。ちなみにその門番は今世《こんせ》でも知り合いで、現在はシンガポールにいるらしい。瞑想中、心身の生滅する様を観察したとも言っていた。それが事実であれば悟っていることになるのかもしれない。このようにチートゥエさんとエーエーさんは、在家者という立場ながら、出家者をも凌駕するような仏教についての知識と体験を持ち合わせている。近現代ミャンマーにおける在家仏教の興隆——瞑想実践や各種仏教メディアを通じた知識や体験の増大——を体現しているような存在であると言えよう。

「タータナ寺院はタータナ協会が管理している」とチートゥエさんは説明してくれた。通常、寺院を管理するのは住職である。寺院に居住する許可を与えたり、あるいは追放したりする。また、律をどのように解釈するか、どこまで律を遵守させるかといった方針を定め、場合によっては明文化された寺院規則をつくり、それをもとに出家者たちの指導に努める。さらには寺院の顔として布施を集めるという役割も期待されている。もちろん、比丘は律によって金銭に触れてはならないなど、財の取り扱い方法を大きく制限されているため、寺院の雑務や金銭の管理をしてくれる在家者の存在は欠かせない。しかし在家者の役割はあくまでも出家者のサポートにとどまっている。

そもそも「管理委員会（ゴーパカ・アプエ）」とは、パゴダを管理する在家仏教徒組織として発展してきたものである。歴史のあるパゴダは、土地を含む多くの財を抱えている。これらの財は、すべてゴータマ・ブッダに帰属している。しかしブッダ自らは財を管理することができない。そこで管理委員会が組織され、これらの財をブッダに代わって管理するという仕組みが存在している。その仕事内容は、布施の勧誘、財産の管理、パゴダの清掃、パゴダ祭など儀礼に関する決定など多岐にわたる。またパゴダの管理委員会は名誉職であり、地域の裕福な名士がメンバーとなるのが一般的である。このように在家者の信仰空間であるパゴダは、その管理も在家者によって担われていると言ってよい。また瞑想センターにも在家者からなる管理委員会が設置されていることが多い。

近年はパゴダや瞑想センターを踏襲して、寺院に管理委員会を設置するケースも散見されるようになったが、あくまでも従来の雑務の役割を超えたものではない。それに対しタータナ寺院の管理委員会は、パゴダと同様に、寺院財産および寺院組織を管理する権限を有している。それではその実態とはどのようなものか。こうした試みはうまくいっているのだろうか。

タータナ寺院の組織構造

はじめに、タータナ寺院の組織を確認しておこう。現在の住職はサンダティィリ長老（一九六一―）である。初代住職のクマラ長老の弟子であり、仏教講師や律護持師という国家資格を持っている。二〇〇五年からタータナ寺院の住職になっている。そして設立以来タータナ寺院に居住するメダタラ長老（一九四三―）は顧問僧となっている。メダタラ長老は仏教試験中級の資格しか持っていない。サンダティィリ長老よりも法臘（出家年数）が長いにもかかわらず、顧問僧という立場にあるのはそのためである。

住職・顧問僧の下に位置するのが、各種の幹部僧たちである。幹部僧たちは各担当業務（講師、調理管理、托鉢管理、食堂管理、水管理、買い物管理）の責任者として、一般の比丘や沙弥を統括する役割を担う。十法臘（一般的に三十歳）以上であることが一般的である。また講師は教学寺院であるタータナ寺院の要であり、次期住職候補でもある。なお、他の教学寺院には僧坊を管轄する「僧坊長」を設けている場合があるが、タータナ寺院にはいない。出家者組織の最下層に

食事をつくる寺男（2008年）

属しているのが、学生である若い出家者たちである。ただしこれらの一般の出家者たちは、教学に特化した生活を送るわけではない。律や沙弥戒に違反しないものであれば、出家者も寺院内の雑務（托鉢・炊事、仏壇の世話、客僧の世話など）を行う必要がある。

次に在家者の組織について見てみよう。管理委員会は二〇〇八年現在、チートゥエさん、エーエーさん夫妻をはじめ、七人で構成されている。管理委員会のメンバー（必ずしも全員ではない）は毎週土曜日にタータナ寺院を訪れ、顧問僧・住職と寺院の四資具（衣食住薬）の状況を確認したり、寺院における年中儀礼の計画などについて話し合い、寺院全体にかかわる意思決定を行っている。たとえば私の滞在中は、二億チャット（約二千万円）の予算で新しい図書館を建てるというプロジェクトが進行中であったため、用地の確保（樹木の植え替え）や土地の浄化儀礼など、その具体的な進め方についての相談がなされていた。

また管理委員会によって雇われ、寺院に住み込みながら日常業務を行っている在家者が五人ほどいた。その月給は一万八千チャット（約千八百円）であった。他の寺院では女性やティラシン

（女性修行者）が寺女として住み込んでいることがあるが、タータナ寺院では男性（寺男）しか許可していない。事務員は浄人として布施を受け取り、管理する存在である。金銭を直接管理するため、不正の温床になりやすく、現在までに何人か更迭されている。その他の在家者は、運転や買い物など、出家者にできない作業を行っている。また、昼食に関しても在家者が一部を調理して出家者に提供している。このほか、タータナ寺院には「善行者（ポトゥドー）」と呼ばれる子供たちがいた。白い服を着て寺院に寝泊まりし、寺院の諸々の雑務を手伝う沙弥出家前の少年たちである。身分上は在家者なので、沙弥にもできない雑務（金銭に触れるなど）に携わることができる。

財の所有権をどのように規定するか

さてタータナ寺院の管理委員会は、寺院の設立日にあたる一九八六年五月二十三日に、三部からなる『タータナ寺院規則集』を発行している。第一部はブッダから始まり、ミャンマーにおける律遵守で有名な歴代の長老の紹介を軸とした仏教史である。そしてこうした正統的な系譜（法灯）を引き継ぐことの重要性が述べられている。第二部は、タータナ寺院設立の契機となったマハーガンダヨウン長老の説法（タイトル「私の亡き後は共同で寺院の管理をしなさい」）が所収されている。そして最後の第三部において「タータナ寺院規則」が掲載されている。

その冒頭には、タータナ寺院の目的が示されている。それは、「仏教の教えを、修行を通じて他の出家者や在家者に対してはっきりと示すこと」にある。タータナ・ウンサウンという名称は、ミャンマー語で「仏法を護る」という意味をもつ。出家者がその修行を貫徹することによって、仏法を護ることこそが、タータナ寺院の主要な目的であるということである。この目的を達成するためにタータナ寺院の出家者たちは、①律遵守の生活をする（沙弥の場合は沙弥戒の遵守）、②お金や名声のために修行しない、③他者の利益に貢献したいという気持ちをもつ、④仏教のためには自分の命を捨ててもいい覚悟をもつ、⑤毎日瞑想に励む、といった諸点を守らなければならない。

それではこうした律遵守の出家生活はどのように実現しうるのか。その具体的な方法を示している「基本原則」には、以下のように記されている。

一、出家者は寺院の中でも外でも、律を厳守しなければならない。律に違反していなくても、在家者に非難されるようなことをしてはならない。
二、この寺院は仏法のための寺院にしなければならない。個人の所有物にしてはならない。
三、管理委員会は寺院規則に則って寺院を管理しなければならない。
四、すべての出家者・寺院の財産（軽物《けいもつ》・重物《じゅうもつ》、後述）は、管理委員会が管理する。
五、寺院にある建物、家具などは、人々が見て称賛・尊敬できるようなものでなければならない（不必要な装飾を施さないなど）。出家者に相応しくないものは置いてはならない。

六、管理委員会は、出家者たちが四資具について一切心配することなく、教学と瞑想に専念できるように世話しなければならない。

注目したいのは、財の所有権の所在である。ここで規定されているように、出家者・寺院の財産はすべて管理委員会が管理することになっている。律においては、出家者は財の所有自体を禁じられているわけではない。先述したように、在家者（浄人）の助力によって出家者は「所有せずに所有する」ことが可能となる。その一方で、出家者一人ひとりが浄人をつけることは難しく、そのために「律を守りたくても守れない」という状況が生じている。

この点についてタータナ寺院では当初、出家者の私有財産を一切認めないというラディカルな方法をとっていた。こうした方法は、出家者・在家者双方に利点があるとされる。まず在家者にとっては出家者個々人の所有物を管理するという煩わしさを避けることができる。また

袈裟染めの様子。タータナ寺院では規定の染料で染めた袈裟を着用しなければならない（2008年）

出家者にとっても、財の所有という問題に煩わされなくて済む。メダタラ長老曰く、「自分の所有物であると考えるから執着が生まれる。何も所有しない方が楽に生きられる」。

ただしこうしたやり方は特定の出家者に布施をしたい在家者の不満を招いたため、二〇〇〇年代に入ってから、個人に対する布施が認められるようになった。そしてそれに伴い、出家者たちが私有財産を持つことも許可されることとなった。その結果タータナ寺院では、出家者毎に預金通帳のようなノートを作成し、受け取った布施額を記入し、出家者から買い物の希望があった場合にはその分を差し引くというような組織的な浄人システムが構築されている。

管理委員会の経営権

次に「管理委員会の義務と権利」を見ると、管理委員会が出家者・在家者の追放、事件への対処、寺院人事など、寺院全体にかかわる重要事項についての決定権を有し、その権限は住職の追放にまで及ぶと規定されている。

一、住職の助言に従い、寺院の四資具を十分なように、失わないように、増えるように、律に適う方法で支援しなければならない。
二、出家者一人ひとりの四資具についても義務を負わなければならない。

三、寺院不動産を管理する権利、修理する権利、増やす権利、捨てる権利は管理委員会にある。
四、住職が寺院の規則に従わない場合は、管理委員会が申し出なければならない。三回注意しても改善されない場合は、住職は寺院から出て行かなければならない。
五、寺院に相応しくない出家者・在家者を住職と相談の上、追放する権利がある。
六、寺院に布施したい在家者がいる場合には、住職と相談の上、ブッダの意に適うような布施ができるように案内する。
七、寺院を損なうような事件が生じた場合は、それを解決するように支援しなければならない。名誉役員の助言を仰ぎながら特別会議を開催し、管理委員会の三分の二以上の同意により、方針を決定する。
八、寺院管理に携わる副住職（一―三人）を選ぶ権利は管理委員会にある。

実際、タータナ寺院の出家者たちは、常に管理委員会（および雑務人）の監視にさらされており、律・沙弥戒や寺院規則に違反する行為は厳しく罰せられている。最も重い罰則は寺院追放であるが、これはタータナ寺院においては珍しいものではない。タータナ寺院では毎年、一般の出家者（二百人以上）の三分の一程度は入れ替わっているが、自主的に寺院を出るのはせいぜい十人程度で、それ以外は追放されているのである。

そしてそれは究極的には住職にまで及んでいる。住職もまた、あくまでも寺院規則の範囲内で寺院の管理業務を任されている存在だからである。この点に関連して、『規則集』には「住職の誓約書」なるものが所収されており、それを見ると、住職に就任する際には「この寺院はミャウンミャ長老、マハーガンダヨウン長老の意志を継いだ寺院である。管理委員会の定めた寺院規則に従って布教に努める。寺院規則を守れない場合には、寺院から出ることに同意する」という誓約書にサインしなければならない。このようにタータナ寺院においては寺院規則が絶対的な存在であって、それはたとえ住職であっても無視することはできない。

出家者の執着が絡み合う寺院相続

ではタータナ寺院の管理委員会は、なぜこのような規則をつくったのだろうか。その背景には寺院を相続することの難しさがある。律の規定によれば、建物や土地といった不動産（重物と呼ばれる）は、「個人（複数人である場合もある）」に布施されれば「個人（共同）所有物」に、「サンガ（僧宝）」に布施されれば「四方《しほう》サンガ所有物」となる。ここでいう「四方サンガ」とは、現代日本でいうところの「法人」概念に近い。「法人」とは法律上の人格を意味し、自然人同様に、権利・義務の主体とみなされる。「法人」が法律によって権利能力を付与されているのと同様に、「四方サンガ」は律によって権利能力を付与されたカテゴリーである。一言でいえば、サンガに布施された土地や建物といった不動産は、法人的な寺院の財産になるということである。正確な統計は不明だが、大部分の寺院不動産は、このどちらかの所有形態になっている。

不動産の所有形態はまた、相続方法をも規定する。第一に、寺院不動産が住職の「個人（共同）所有物」である場合、住職は寺院不動産を自由に使用・処分（貸与・譲渡・交換・売却〔布施〕・遺棄など）することができる。ただし遺産贈与については別である。出家者は遺言による遺産贈与が律によって禁じられているため、自分の所有物を特定の人物に託したい場合には、生前に布施をして譲渡する必要がある。そのようにしなかった場合、つまり所有物を誰にも託さずに死去した場合、遺産は自動的に「四方サンガ所有物」になる。こうした事態を避けるため、ミャンマーでは生前に「個人所有物」である寺院不動産を「共同所有物」とすることが多い。そうすれば自分も所有権を失わず、また死去したときには自動的に共同所有者に相続されるからである。

第二に、寺院不動産が「四方サンガ所有物」である場合、誰を次期住職とするかは、その寺院に居住する出家者たちの中から、合議によって決定される。その際の判断材料となるのは、他の出家者の信望が厚いことに加え、住職に求められる諸特徴を備えていることが求められる。ミャンマーの場合、住職になるためは①十法臘以上、②律の二百二十七項目を暗唱している、③羯磨と呼ばれる儀礼を執行できる、④在家者に説法できる、といった特徴を備えるべきであるとされている。先述したように、現在では仏教試験の資格も重要になっており、あくまでも目安であるが、村落部では中級以上、都市部では上級以上の資格が必要であると言われている。

しかし実際の相続の場面においては様々な問題が噴出している。たとえば不動産が住職の「個人所有物」である場合、親戚や同郷・同民族の出家者を、その資質や布教への意欲とは無関係に次期住職の座に据えてしまい、結果として寺院の衰退を招くということがしばしば生じている。こうした背景から、不動産の個人所有に反対している長老も多い。逆に、不動産が「四方サンガ所有物」である場合は、「自分の寺院」という意識が弱いため住職が寺院の発展に尽力しなかったり、相続者選びが難航し、かえって寺院内の争いをもたらしたりすることがある。それゆえにむしろ不動産の個人所有のよさを主張する長老もいる。

さらに寺院不動産の相続をめぐっては、出家者同士、あるいは出家者と在家者の間で頻繁に訴訟が起きている。ミャンマーでは一九八〇年に中央集権的な国家サンガ組織（出家者の全国組織）が設立された際、宗教裁判制度が整備された。その審議記録を見てみると、約八割が不動産の相続をめぐる問題となっている。こうした争いは、村落部・都市部を問わず生じているし、裁判にならない例も含めれば、ほとんどの寺院がこうした問題を経験していると考えられる。

それでは不動産の相続は、なぜこれほど問題となりやすいのか。この点について宗教裁判を担当する長老は、「出家者にも執着があるから」と嘆息して述べる。確かに相続争いは執着以外の何物でもない。最近は以前にも増して、出家者の独立志向、つまり自前の寺院を持とうとする傾向が強くなっていると言われており、それが裁判の増加に拍車をかけている側面がある。

また、不動産の所有権の所在を確定することが、そもそも困難であるという事情もある。在家者が出家者に不動産を布施する場合は大規模な儀礼を行うことが一般的であり、したがってそれが「個人所有物」なのか「四方サンガ所有物」なのか、把握している人間は多い。しかしその所有権が出家者の間で譲渡されるようになると、途端にわかりにくくなる。したがって出家者自身が様々な論理を使って所有権を主張しうるのである。

相続をめぐる対立が激化したのは、一九八〇年代に宗教裁判制度が整備されてからだと主張する出家者もいる。以前は宗派や地域の長老たちが争いを仲裁していたが、制度ができてからは、異議を唱える出家者が簡単に訴訟を起こせるようになったからである。しかも出家者の不動産譲渡は、明確な物的証拠がないまま行われる傾向にあるため、近代的な証拠裁判の原則をどのように導入できるかという問題は未解決のままである。実際、裁判所の判断が長老の判断と異なることも多く、状況はさらに混乱している。

しかし、より重要なのは、不動産については、金銭や日用品（軽物と呼ばれる）のように、在家者が介在する仕組みがないということである。先述したように、金銭や日用品については、在家者が出家者に代わってそれを管理するという浄人システムがある。それに対し不動産の管理は基本的に出家者自身に委ねられている。そして不動産の管理者は、必然的に寺院組織の管理者という絶対的な権限を有することになるため、出家者の執着が露骨にぶつかり合う結果となりやすい。不動産をいかに円滑に相続することができるか。これが寺院経営の安定を大きく左右する問題となっていると言える。

タータナ寺院で起きた相続問題

実際、タータナ寺院でも相続に際しては様々な問題が生じた。それに管理委員会がどう対応したかを含め、具体的にみてみよう。二〇〇一年に初代住職のクマラ長老が遷化《せんげ》（亡くなる）した後、タータナ寺院ではしばらく混乱状態が続いた。まず、クマラ長老の後を継いだ二代目の住職が管理委員会によって更迭されている。その経緯についてエーエーさんは次のように説明する。

二代目の住職は、大きな寺院が自分のものになったと考えて狂ってしまった。だから管理委員会のメンバーがこの長老に会いに行き、「この寺院は長老のものではありません。仏法のために布施されたものです」と進言した。するとその長老は「自分が間違っているのか」とおっしゃったので、「間違っています」とはっきりと申し上げた。そして寺院規則を提示して、寺院を出るように伝えた。

しかし二代目住職の更迭を受けて住職となった三代目は、病気のために二〇〇五年に四十代の若さで早世してしまう。そこで現住職であるサンダティリ長老（当時四十四歳）が住職となった。そして新副住職としてF長老（当時三十三歳）が就任し、それ以前から顧問僧であったメダタラ長老（当時六十二歳）と共にタータナ寺院を管轄することになった。こうした新体制のもとで、寺院を二分する争いが生じることとなる。

この事件についてよく知る若手幹部僧たちへの聞き取りによると、事件の経緯は次のようなものである。F長老は二十二歳という若さで講師試験に合格し、その後も律・経・論の各試験にも合格するなど非常に優秀な学僧であった。その反面、自惚れが強いタイプであったと評価されている。そこで副住職になった後は、学生の指導方針や授業のカリキュラムなどにいろいろと口を出すようになった。しかし副住職としてのF長老の役割は、あくまでも住職であるサンダティリ長老の補佐にあり、出家者に関する諸々の決定事項についてはサンダティリ長老が全権を握っていた。これがF長老には気に入らなかったようである。

こうした不満はやがて、次第にタータナ寺院を二分する民族間対立——ビルマ族とラカイン族の対立——へと発展していく。タータナ寺院ではクマラ長老から三代目の住職までが、みなラカイン族であった関係で、多くのラカイン僧が集まっていた。そのため、二〇〇七年雨安居入り（七月）時点での構成は、ラカイン僧百五十人、ビルマ僧百三十人というように、ちょうど半々くらいになっていた。そこで問題はサンダティリ長老がビルマ族で、F長老がラカイン族であったことにある。F長老は、この寺院は自分たちラカイン族の寺院であるという意識を強めていたのだろう。次第に民族間対立が激化していく様子を、当時の状況を知る比丘（ビルマ族）は次のように話す。

出家者が寺院規則に違反したとき、薪割《まき》りなどの罰を命じるのはサンダティリ長老だった。サンダティリ長老は、ビルマ僧・ラカイン僧の区別なく、平等に扱っていたと思う。しかしF長老はラカイン僧たちを集めて、サンダティリ長老がビルマ族だからビルマ僧が贔屓《ひいき》されていると訴えた。ラカイン僧たちはラカイン族であるがゆえに不当に重く罰せられていると。そうしてF長老は、寺院内にラカイン族のグループをつくってしまった。するとラカイン僧たちは、ビルマ僧たちを敵視するようになった。ラカイン僧の方が、ビルマ僧よりも総じて成績が良かったので、それを馬鹿にしたりもした。比丘はまだ落ち着いていたが、沙弥同士の喧嘩が絶えなくなり、最終的にはお互いが草刈り用の鎌などを武器として隠し持つほどになってしまった。

こうした対立の背景には、ビルマ族とラカイン族の歴史的緊張関係がある。ラカイン族は十五世紀に独立王国を形成し、ビルマ族と同様に仏教を信仰していた。しかし、一七八四年にビルマ族のコンバウン王朝がラカイン王国を征服し、ラカイン仏教徒の宝であった有名なマハムニ仏を略奪した。この事件に対するラカイン人の恨みは、今日まで続いている。さらに一九四八年のミャンマー独立後の国民国家建設は、多数派を占めるビルマ族が主導権を握り、少数民族の政治的権利を制限してきた。そのため独立以降、分離独立や自治権を要求する少数民族の武装闘争が生じた。これに対して国軍は大規模な軍事作戦で応答し、それによって深刻な社会分裂が引き起こされた。こうした国軍と少数民族武装勢力の対立は、二〇二一年の軍事クーデター以降、さらに激化している。

この問題を解決するために、二〇〇七年の雨安居入り前に、管理委員会のメンバーとメダタラ長老（顧問僧）、サンダティリ長老（住職）、F長老（副住職）の間で話し合いの場がもたれた。そこで管理委員会が出した結論は、F長老を追放することだった。それに対しF長老は、百五十人すべてのラカイン僧を引き連れてタータナ寺院を出ていくという決断をとる。騒動を聞き慌ててタータナ寺院に駆けつけた支援者は、その道中、出家者を荷台に乗せたトラック三台とすれ違ったという。

寺院の相続は常にリスクが伴う。つまり不適切な相続が頻発し、また、相続をめぐって争いが生じやすい。それに対し、タータナ寺院における管理委員会という仕組みは、まさにこうした問題を克服しうる可能性をもっている。もし管理委員会が存在していなかったならば、タータナ寺院は二代目住職によって私物化されていたかもしれない。また、寺院内の民族対立によって寺院は解体してしまったかもしれない。寺院の分裂という結果を招いたにしろ、寺院の持続性・安定性を担保しているのは間違いなく管理委員会である。しかし在家者による寺院管理は、また別種の問題を潜在させている。それは仏教の歴史を通じて繰り返し現れてきた、出家者の自治という問題である。

王権とサンガの共生関係？

仏教学者の馬場紀寿によれば、古代インドにおける最初期の出家者たちは、「サンガ」と呼ばれる自治団体に属していた（以下、本節の記述は馬場紀寿『初期仏教』岩波書店、二〇一八年と同『仏教の正統と異端』東京大学出版会、二〇二三年を参照）。この場合のサンガとは先述したような「僧宝」ではなく、特定の地理的境界に含まれる少なくとも四人以上の出家者から構成された集団を意味する。サンガはブッダが定めた律にもとづき、合議によって統治されていた。さらに、出家者は特定のサンガに定住するのではなく、遍歴しながら様々なサンガに所属した。出家者は基本的に旅をし、雨季の三カ月間など、一年のうち特定の時期にのみ公式の儀式や会合に出席した。要するに、サンガはメンバー（出家者）が移動することを前提とした平等な自治団体であり、全体として中心性のないネットワークを形成していた。

いくつかのサンガは、共通の師弟関係にもとづき、ニカーヤと呼ばれる大きなグループを形成した。あるニカーヤが継承する律の内容や解釈は、他のニカーヤとは微妙に異なっていた。各ニカーヤはそれぞれの正統性を主張したが、古代インドにおいては、各地のサンガを統制するバチカンのような上位機関は存在していなかったので、正統と異端を識別する仕組みがなかった。このような状況を踏まえ馬場は、古代インドの出家者の世界を「多様」ではなく「多元」という言葉で表現している。

地理的な境界線によって定義された緩やかなつながりとしてのサンガは、後に恒久的な財産を持つ定住組織へと変化していく。紀元前一世紀頃に活発化したインド西海岸とローマとの海上貿易が、この変化の引き金となった。この貿易で莫大な富を得た商人階級は、サンガを経済的に支援するようになった。その結果、農地などの持続可能な財源を持つ寺院が形成され、出家者たちはそこで生活・修行するようになった。

こうして遊行《ゆぎょう》集団であったサンガは、寺院を拠点として他のサンガ（寺院）、国家（王権）、社会（一般信徒）と継続的な関係を結ぶようになる。すると次第に「出家者や寺院はどうあるべきか」という問題は、出家者のみならず、国家や社会にとっても重要な関心事となっていく。王権にとって、社会と草の根レベルでつながるサンガは潜在的な脅威であるため、支配を安定化させるためにサンガを管理しようとした。一方でサンガの側も、内外の脅威（異教徒や異端）に対抗し、安定した地位を確保するための強制力を必要とした。以来、サンガ・国家・社会の関係を規定するような様々な規範が生まれていく。

上座部仏教圏においては、このような規範はサンガと王権の共生関係として定式化された。スリランカにおいて上座部仏教の聖典であるパーリ三蔵（律・経・論）を確立した大寺派《だいじは》は、併存していた他の大乗系の仏教寺院に対抗する中で、自らの正統性を歴史的に根拠づけるために、五世紀以降、『島史』『大史』といった史書を編纂した。そして十二世紀に王権の庇護を受けてスリランカのサンガを統一すると、大寺派の出家者たちはその改革を反映して新たに『大史』への追記を行い、王権と仏教との関係を描き直した（『大史』と区別されて『小史』とも呼ばれる）。そこで提示された理念が、王権によるサンガ改革を正統化するモデルである。

このモデルにおいて、仏教徒の支配者である王権の正統性は、仏教を振興し、「仏法（ダンマ）」にもとづいた統治を行うことによって保証される。そのために最も重要な存在がサンガである。なぜなら仏法の担い手である清浄なサンガの繁栄こそが、国家における仏教繁栄の証であると同時に、王権が仏法にもとづいた正しい統治を行っていることの何よりの証となり、それによって仏教徒である民衆の支持を得ることができるからである。したがって王権はサンガへの支援を惜しまない。あるいはサンガが堕落したときには強制力を発揮してこれを浄化する。上座部仏教における理想的な王とは、このようにサンガを庇護し、仏法に則った統治を行う「仏法王（ダンマラージャ）」でなければならないとされた。

シュエジン派の自律志向

こうした規範はその後、東南アジア大陸部へと輸出され、各地における国家形成を促した。国家がどうサンガを統治するかという問題以前に、サンガをめぐる規範がむしろ国家の形成を後押しした面があったのである。ミャンマーにおいても、歴代の王たちは一方ではサンガを支援し、もう一方ではサンガを管理することによって支配の正統性と安定化を図った。こうした試みを最も徹底的に行ったのが、コンバウン朝（一七五二―一八八五）のミンドン王（在位一八五三―七八）だった。ミンドン王が王位に就いたのは、十九世紀半ば、イギリスへの下ミャンマー（現国土の南方）割譲の直後であった。ミンドン王は、こうした植民地化の圧力に対抗し、失墜した王権の権威を立て直すために「仏法王」の理想を強く追求した。具体的には、ミャンマー史上最大の布施者と言われるほどの多くのサンガ支援事業（寺院の建設・修復、日常的な衣食の支援、教学振興＝仏教試験開催など）を展開し、名実共に王国全体のサンガの守護者となったばかりではない。新たに任命した「サンガ主（タータナバイン）」を中心とした国家サンガ組織（トゥダンマ委員会）のもとに、サンガ管理の徹底を試みた。

たとえばミンドン王は、一八五六年に布告を出し、全国の出家者たちに律遵守を求めた。具体的には、出家者が農業・畜産・交易に従事すること、布施を強要すること、医療行為をすること、占いや占星術をすること、人形劇やボクシングを見ること、音楽を聴くこと、武器を所持すること、性交渉をすること、必要がないのに傘やサンダルや移動用のかごを用いること、午後にタバコやキンマ（かみタバコ）といった嗜好品を嗜むことなどが禁止されている。

しかしこの布告に対しては、著名な学僧たちから「律違反とされる行為の指定が恣意的である」との批判がなされ、結局、修正されることになった。こうした批判の背景には、サンガの自治に対する強い意識がある。出家生活は律によって規定されている。しかしその解釈や実践方法は各サンガに委ねられるべきであって、国家が定めてよいものではない。つまりここで先鋭化したのは、在家者は出家者を適切に管理することができるのか、そこにはどのような正統性があるのかという問題であった。

そこでミンドン王および国家サンガ組織がサンガ管理を強めるにつれ、その支配から逃れて独立した宗派をつくろうとする動きが相次いだ。その筆頭が、タータナ寺院の系譜につながるシュエジン派だった。シュエジン派は十九世紀後半、当時のトゥダンマ委員会を頂点とする国家サンガ組織から離脱したシュエジン長老(一八二二―九四)とその弟子たちのグループとして始まった。その後、植民地期を通じて、自らが考える律遵守の生活を維持するための仕組みづくりを進めた。こうした仕組みづくりは、具体的には寺院組織をいかにデザインするか、という問題となって表れた。なぜなら寺院こそ、出家生活の最も基本的な単位となっているからである。

サンガ管理というアポリア

先述したように、寺院を単位としたサンガの自己管理には限界がある。出家者は在家者の助力を必要不可欠なものとしているが、こうした助力は常に十分に得られるわけではない。したがって律を守りたくても守れないという状況が生じたり、寺院の相続をめぐって様々な問題が頻発したりしている。「在家者から構成される管理委員会が寺院を管理する」というタータナ寺院の試みは、こうした現状に鑑みて、在家者の権力を寺院レベルで再導入しようとする動きであると捉えることができる。つまりタータナ寺院における管理委員会の役割とは、国家サンガ組織における王権の役割とパラレルな関係にある。であるならば、かつてミンドン王が直面した問題、つまり在家者によるサンガ管理の正統性という問題に直面せざるをえない。

この点について管理委員会のメンバーは、在家者こそが出家者を正しい道に導くことができるという強い確信をもっている。それゆえに在家者によるサンガ管理は、寺院という枠組みを超えて拡大していくべきであるという考えがみられる。たとえばチートゥエさんは次のように述べる。

出家者の生活は、在家者の布施で成り立っている。だから在家者は出家者を吟味してよい。在家者は律のとおりに生活する出家者だけを支援しなければならない。律を守らない出家者は、布施をしないで排除していかなければならない。健全な仏教の発展は、在家者の助けがあって可能になる。

ここで主張されているのは、布施対象を自覚的に選択することによって、悪しき出家者をいわば「淘汰」することの重要性である。律を平気で破るような出家者がのさばるのは、在家者が布施をしてしまうからだ。在家者一人ひとりが、健全な仏教を守るという自覚と責任をもち、律を破る出家者たちに布施をしなくなれば、次第に律違反は減るだろう。簡単にまとめてしまえば、こうした主張である。住職のサンダティリ長老もまた、二〇〇八年の雨安居衣布施式において、列席した在家者たちに対し、「仏教は出家者と在家者の協力によってはじめてうまくいく。それゆえにタータナ寺院の出家者たちに何か問題があれば遠慮なく指摘して欲しい」という旨の発言を行っていた。

しかし一般の在家者は、どのような基準で出家者を評価すればよいのだろうか。律を守る気のない出家者はともかく、「律を守りたくても守れない」出家者もまた、淘汰の対象になるのだろうか。このように在家者による出家者の浄化とは、在家者による出家者の単なる人気投票になりかねないという危険がある。

ここにサンガの自治をめぐる根深いパラドクス、つまり「内なる俗」という問題が存在している。一方で、在家者の助力がなければ律に則った形で財を適切に所有・使用することができない。在家者によるサンガ管理は、律遵守の生活を実現するための強力な方法である。それは単に浄人、つまり管財人としての役割にとどまらない。サンガがその目的に沿った生活・修行をしているかどうかを監視することによって、サンガの暴走を未然に防止することが可能になる。その一方で、サンガには常に、在家者から自律することへの強いこだわりが存在している。こうしたアンビバレントな状況の中で、たとえばシュエジン派は国家サンガ組織から離脱し、しかしそのシュエジン派の中心的な系譜に位置するタータナ寺院では管理委員会という形で再び在家者の権力を導入するというように、サンガの自治をめぐっては、出家者と在家者の関係はどこまでも揺らぎ続けるのである。

　このように律遵守の挑戦は、具体的には、在家者との関係――社会との関係および寺院組織内部における在家者との関係――をいかに調整するかという問題として表れる。なぜなら出家者は、財の獲得を在家者の布施に依拠するだけでなく、在家者の存在なしには財を所有・使用することもできないからである。その意味で「出家」とは「状態」ではなく「運動」である。タータナ寺院の「実験」は、出家生活に内在する世俗／超俗関係の動態的なロジックを浮き彫りにしている。

第二章
ダバワ瞑想センター――「善行」の共同体

一　瞑想と社会福祉の融合

仏教ナショナリズムの勃興

二〇〇八年十一月にタータナ寺院での調査を終えた私は、日本に帰国し、博士論文の執筆にとりかかった。データは十分にあったのだが、帰国してからの二年間は全く論文を書くことができなかった。研究発表をすると、「お坊さんの説法を聞いているみたい」という感想をもらうほど、私はミャンマー仏教の世界に染まりきっていたからだ。研究と布教の違いを少しずつ理解できるようになり、最終的に博士論文を書き上げることができたのは、二〇一三年の夏のことだった。そしてその間にミャンマー社会は大きく変化していた。

ミャンマーでは二〇一一年に民政移管が実現し、約五十年続いた軍政に終止符が打たれた。当初は、民政移管は名目的なもので、実質的な軍政支配が続くとみられていたが、民主化運動の象徴的存在であるアウンサンスーチーの政治参加、メディアの自由化など、急激な民主化が進んだ。そしてそれが欧米からの経済制裁の解除につながり、都市部を中心とした市場経済化も著しく進展した。こうした変化は、ミャンマーの人々によって、軍政による統制からの解放として、大きな希望をもって迎えられた。

しかし同時に、急激な政治・経済体制の変化によって人々の生活は不安定になった。また、宗教対立や民族対立など、軍政下では押さえつけられていた問題が表面化した。中でも顕著な現象の一つが、仏教ナショナリズムの高まりと、それに起因する反ムスリム運動の勃発である。この運動は、出家者たちが積極的に関与しているという点において、国内外から大きな関心を集めることになった。非暴力を説く仏教を体現しているはずの出家者たちが、なぜ暴力的な運動にかかわっているのか。博士論文の執筆が終わり、新たな調査テーマを探していた私は、この問題に関心をもつようになった。

「福祉(パラヒタ)」ブーム

もう一つの大きな変化は、仏教徒による社会福祉活動の活性化である。第一章でみたように、ミャンマーの村・町の寺院は地域社会の結節点として、様々な社会福祉的な役割を果たしてきた。貧しい子供たちに世俗教育を行う寺院学校（孤児院を兼ねる場合もある）も古くから存在している。ただし私がミャンマーに長期滞在していた二〇〇八年頃までは、こうした社会福祉活動を専門的に行う寺院は資金集めに苦労していた。在家仏教徒主導の社会福祉組織の活動も低調だった。その背景としてしばしば指摘できるのが「功徳（クドー）」についての考え方である。ミャンマーでは三宝（仏法僧）に比べて社会的弱者（障害者、老人、病人、子供、被災者など）への布施は功徳が少ないと考えられ、したがって布施を集めるのが難しい傾向にある。

それに対し二〇〇〇年代後半以降、「福祉（パラヒタ）」の概念にもとづき社会的弱者への支援を主目的とする仏教徒組織の活動が活発化していく。その端緒となったのが「葬式支援協会（ナーイェークーニーフムー・アティン）」である。葬式支援協会は一九九〇年代末、葬儀費用の高騰を受けて、無料の遺体搬送、救急車サービス、臨床治療、災害救助などの社会福祉サービスを提供すべく、大都市のマンダレーとヤンゴンで誕生した。葬式支援協会は、「葬儀一回は寺院十回分」というスローガンを掲げ、貧しい人々の葬儀を手助けすることが、寺院に布施するよりも十倍の功徳があることを喧伝した（Kyaw Yin Hlaing, Associational Life in Myanmar. In *Myanmar: State, Society and Ethnicity*. ISEAS, 2007）。

こうした動向を加速させることになったのが、二〇〇八年の自然災害と、二〇一一年の民政移管である。二〇〇八年五月、強力なサイクロン・ナルギスが下ミャンマーを襲い、推定十五万五千人が死亡し、二百万人以上が被災した。これを受けて、何百もの即席の社会福祉組織が結成された。さらに二〇一一年の民政移管を受けて、集会・結社についての制限が大幅に緩和された。その結果、仏教徒組織による空前の福祉ブームが巻き起こることとなる。このように布施の対象が三宝から社会的弱者へと変化（拡大）する傾向を、「功徳経済の世俗化」と表現する研究者もいる（Mu-Lung Hsu, Making Merit, Making Civil Society. In *Journal of Burma Studies* 23 (1), 2019）。それではこうした福祉ブームは、伝統的な布教概念や実践をどのように変容させているのか。タータナ寺院の表現を借りるならば、「世俗的な幸せ」を志向する福祉と、「超俗的な幸せ」を志向する布教は、どのように結びついているのか。これがもう一つの調査テーマとなった。

この調査の過程で出会ったのが、本章の舞台となるダバワ瞑想センターである。二〇〇七年に設立されたこのセンターは、数年後にはミャンマー最大の社会福祉センターになった。さらにこの組織の長であるダバワ長老は、二〇二一年二月の国軍によるクーデター以降、国軍寄りの仏教ナショナリストとして知られるようになっている。こうして私の二つの調査テーマは、ダバワ瞑想センターにおいて合流することになった。では、ダバワ瞑想センターでは、布教・福祉・仏教ナショナリズムは、どのように結びついているのか。仏教に依拠することによって、どのような「幸せ」をどのように実現しようとしているのか。これが本章で考えてみたい問いである。

大衆瞑想運動

ダバワ瞑想センターの第一の特徴は、その名前のとおり瞑想センターであるという点にある。そこでまず、ミャンマーにおける瞑想センターおよび瞑想方法の特徴を概観しておこう。

上座部仏教において、瞑想を中心とした「体験的修行（パティパッティ）」は、「教学（パリヤッティ）」と並んで出家者の主要な修行の一つとされる。しかし他の上座部仏教徒社会と同じく、ミャンマーにおいては伝統的に、体験的修行よりも教学が重視されてきた。その背景には瞑想をめぐる諸困難がある。つまり通常、瞑想修行者は社会から離れた「森（トーヤ）」におり、探しだすのが困難だったこと、また方法も秘儀的であったため、瞑想を習うためには厖大な時間と労力が必要だったことなどが挙げられる。したがって在家者はもちろんのこと、出家者にとっても瞑想は一般的なものではなかった。

こうした状況はイギリス植民地期に大きく変化した。上座部仏教は、出家者と在家者の厳格な区別を特徴とする。上座部仏教の理想的境地である涅槃に到達する可能性は出家者にのみ認められ、在家者には不可能と考えられていた。したがって在家者の仏教実践は、布施や持戒を中心とした積徳行によって、輪廻転生の中で良い生まれ変わりを目指すことを基本としていた。しかし十九世紀末以来の植民地化・近代化という社会変動の中で、都市部を中心として、在家者が自ら仏教教義を学び、積徳行以上の仏道修行をしたいというニーズが高まることになった。

マハーシー瞑想センター本部での説法会の様子。参加者は年配の女性が多い（2008年）

こうしたニーズに応える形で登場したのが、「瞑想センター（イェイッター）」と呼ばれる新しい組織である。一九四八年の独立後、初代首相となったウ・ヌは、植民地期に仏教は大きく衰退したという認識のもと、政府としてのみならず、私的な活動を通しても数々の仏教振興事業を実行した。こうした私的な仏教振興事業の手段となったのが、政府高官・貿易商・実業家と共に一九四七年に設立した「ブッダ・タータナ・ヌガハ協会（BTNA）」である。BTNAは、三蔵法師試験（パーリ三蔵をすべて暗記しているかを問う試験）の実施、山岳地域への仏教布教団の派遣など、国家規模の仏教振興事業を計画・実行した。そしてミャンマー初の瞑想センターであるマハーシー瞑想センターも、こうしたBTNAによる事業の一環として一九四九年に設立されたものである。その名前は、BTNAが瞑想指導者として招致したマハーシー長老（一九〇四—八二）に由来している。

マハーシー瞑想センターの設立を皮切りとして、その後、在家者によって相次いで瞑想センターが設立されていく。たとえば一九五一年に当時の財務長官ウ・バ・キン（一八九九—一九七一）

によってヤンゴンに「インターナショナル・メディテーション・センター（ＩＭＣ）」が設立される。瞑想指導者として世界的に著名なゴエンカはウ・バ・キンの弟子である。また一九六二年にはモゴック長老（一八九九―一九六二）の瞑想方法の普及を目的として、ヤンゴンにモゴック瞑想センターが設立された。

このようにミャンマーにおける瞑想センター設立の動きは、出家者ではなく在家者、特に政財界のエリートたちの主導で始まった。つまり瞑想センターとは、独立後の仏教復興の機運の中で、主体的な仏教実践をしたいという在家者のニーズに、在家者自身が応える形で登場したものである。ここにミャンマーにおける瞑想運動の重要な特徴を見てとることができるだろう。

マハーシー、モゴックは、現在ではそれぞれ数百の分院をもつに至っている。また専門的な瞑想センターでなくとも、年に一回、新年（四月）の長期休暇などの機会に、在家者向けの短期瞑想コースを開催するような寺院や在家仏教徒組織も増えている。これらすべてを合わせると、なんらかの形で在家者に瞑想サービスを提供している組織は数千に及ぶと考えられ、長期休暇期間になると、老若男女を問わず、多くの在家者が瞑想修行に励んでいる様子が見られる。こうした動向は研究者によって「大衆瞑想運動」（Ingrid Jordt, *Burma's Mass Lay Meditation Movement*. Ohio University Press, 2007）などと評されている。

ヴィパッサナー瞑想

このように瞑想センターとは、出家者・在家者問わず、希望者が気軽に瞑想を体験できる機会を提供することを目的とした組織である。伝統的な瞑想寺院が、少数の出家者たちが瞑想修行に専念するような寺院であり、通常は人里離れた森にあることが多いのに対し、瞑想センターの特徴はその開放性と簡便性にある。つまり瞑想センターは通常は町中にあり、修行期間も数日からせいぜい数週間程度のことが多い。マハーシー瞑想センターなど、出家者が常駐している場合は寺院としても登録される。

ミャンマーで主流の瞑想は「ヴィパッサナー（観察）瞑想」と呼ばれる。これは心と体のありのままの姿を観察することによって、無常・苦・無我といった真理を体験的に理解するというもので、涅槃に至るために不可欠な瞑想であるとされている。どの瞑想センターであれ、ヴィパッサナー瞑想を主体としている。また依拠しているパーリ仏典もほぼ同じである。しかしその具体的な方法については瞑想センターによって異なる。

たとえば「サマタ（集中）瞑想」の位置づけ方に違いがある。サマタ瞑想とは、特定の対象（呼吸など）に意識を集中させ、禅定《ぜんじょう》（集中力）を養う瞑想を意味する。マハーシー瞑想センターでは、特別にサマタ瞑想をする必要はない、という立場をとっている。腹部のふくらみ・縮みを中心としながら、体の動き・感覚・心の状態・頭に浮かんだ概念の中で、一番はっきりしたものを言葉で確認（ラベリング）しながら観察することによって、ヴィパッサナー瞑想を行うために必要な集中力を得られるとされる。それに対し新興のパオ瞑想センターは、サマタ瞑想を習得しなければヴィパッサナー瞑想には移行できないという立場である。

また、教義的な知識の位置づけ方にも違いがある。たとえばマハーシー瞑想センターでは、瞑想は各人が自分で経験していくべきものであり、経験する前に教義を学ぶことは瞑想の進展を妨げることになる、という立場をとる。簡単に言えば、知識はかえって体験を邪魔するということである。したがってマハーシー瞑想センターでは瞑想に費やす時間が多く、その経験を瞑想指導者に報告しながら指導を受ける。

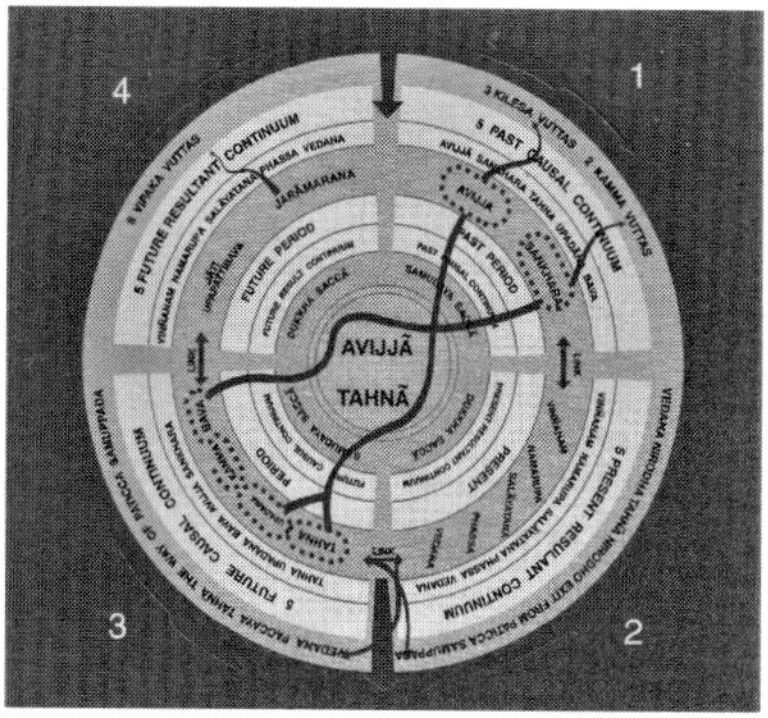

モゴック瞑想センターで用いられている十二縁起表

それに対しモゴック瞑想センターでは、「旅行するにはガイドブックが必要である」という比喩を用いながら、瞑想する前に瞑想の目的や瞑想すべき対象を事前に学習しなければならない、という立場をとっている。そのガイドブックの役割を果たしているのが、モゴック長老が図式化した十二縁起表である。したがってモゴック瞑想センターでは、瞑想時間と同等もしくはそれ以上の時間を、この「十二縁起」の学習に費やしている。また瞑想中にもモゴック長老の説法テープを流している。

こうした方針の違いは、要求される修行日数にも影響している。たとえばモゴック瞑想センターでは学習が基本なので、瞑想コースは数日程度のものが多い。マハーシー瞑想センターでは二、三カ月程度の期間が一つの目安とされている。一方で、パオ瞑想センターは、規定のプログラムを修了するためには一般的に数年以上かかるとされている。

ダバワ長老の経歴

ダバワ瞑想センターも、こうした先行する瞑想センターを模して設立されたものである。以下、ダバワ長老の経歴を確認しながら、センターの設立経緯についてみていこう。

ダバワ長老ことオッタマタラ比丘は、一九六九年にザガイン町で生まれる。祖父母は中国からの移民である。ミャンマー仏教徒としてのアイデンティティをもっていたが、ほかの子供のように一時沙弥出家はしなかった。幼少期より学業優秀でヤンゴン大学に入学、一九九二年に英語の学位を授与される。卒業後、ヤンゴンにある実家で食料品・日用品を中心に扱う小型スーパーを始める。その後、実家を離れ、スーパーは時計や衣料品も扱うようになり、規模が拡大していった。

しかしビジネスをする中で様々なストレスに悩み、一九九九年に知人の勧めでヤンゴン管区インセイン郡にあるモゴック瞑想センター分院にて五日間の瞑想コースに参加した。それを皮切りに、マハーシー、スンルン、テーイングー、ウ・バ・キン、ゴエンカなど、様々な瞑想センターで瞑想修行に励んだ。そして二〇〇二年にビジネスをすべて畳んで、ヤンゴンのダウンタウンにあるテインドージー寺院にて出家し、ここに滞在するようになる。

このようにダバワ長老は、幼少期（十歳前後が多い）に出家し寺院で教学に励むような多数派の出家者（第一章でみたタータナ寺院はその典型）ではない。そのためパーリ語で書かれている仏典を誦唱することはできず、仏教試験の学位も持っていない。長老の仏教理解は、寺院での専門的な教育ではなく、もっぱら瞑想指導者による説法と自身の瞑想経験に依拠している。さらにこうした「異端」的な長老が有名になっていくことをよく思わない出家者も多い。そのため現在でも、ダバワ長老はほかの出家者たちから見下されたり、嫌がらせを受けたりすることが多い。

さてダバワ長老は、出家と同時に私財を売り払って得た資金で、ヤンゴンのダウンタウン三十八番通りにあった自宅に図書館を設立した。これは瞑想指導者たちの説法を集め製本・CD化し、希望者に無料で貸し出すという「法施（ダンマ・ダーナ）」の活動であった。さらに

瞑想の様子。前方から出家者、男性、ティラシン（女性修行者）、女性の順に並ぶ（テーイングー瞑想センター本部、2018年）

長老自身も信者の自宅や病院などで説法をするようになる。場合によっては説法をするのではなく、何時間でも信者の話を聞いたという。こうして次第に長老の評判が高まっていったが、求められれば昼夜を問わずどこにでも出向いたため、しばしば滞在先の寺院の門限を破ってしまうことになり、住職を困惑させた。

ちょうどその頃、ある病院で説法をしたとき、患者から布施を受けて自身の瞑想センターをつくるよう頼まれたことから独立することを決意、二〇〇七年にヤンゴンのダウンタウン四十五番通りにアパートの一室を購入して瞑想コースを開催するようになる。これがダバワ瞑想センターの始まりである。

波瀾万丈の設立経緯

ただし一般的に瞑想センターは、社会福祉活動とはなんら関係がない。ではなぜダバワ瞑想センターは社会福祉活動をやるようになったのだろうか。

ダバワ瞑想センターはその名前のとおり、まずもって瞑想センターである。つまり主要事業は瞑想指導である。しかし一般的な瞑想センターが修行者に滞在日数や健康状態などいろいろな条件を設けているのに対し、ダバワ瞑想センターは当初から「誰でもいつでも受け入れる」という方針をとった。そして病気で行くあてのない老人二人を引き受けたことをきっかけとして、身寄りのない病人・老人・子供、そして彼／彼女らを看護するボランティアたちが滞在するようになる。

このようにダバワ瞑想センターは設立当初から社会福祉センターとしての一面を有していた。逆に、瞑想センターとしてよりも社会福祉センターとして知られるようになったとも言える。口コミで身寄りのない人たちが集まるようになり、滞在人数はすぐに二百人を超えた。スペースを確保するためにアパートの部屋を買い足したものの（最終的に八階建てアパートの半分を占めるに至る）、あまりに過密状態であることが行政から問題視され、センターの閉鎖を言い渡される。

その背景には、物件の所有権をめぐるトラブルもあった。センター側の立場からみると、その経緯は以下のとおりである。四十五番通りの物件は通常の住宅であるため、出家者であるダバワ長老の名義で購入することはできなかった。そこでセンターを管理する「協会」をつくり、宗教省の元役人Aの名義で購入した。しかしこの役人Aは急速に高騰していく物件の値段をみて、この物件を奪取しようと画策する。そして長老が女性と写っている写真や、仏典に依拠していないと思われる説法、律違反の証拠などを密かに集め、国家サンガ組織および宗教省に長老の還俗を求めて告訴する。

当時は出家者による反政府デモ（二〇〇七年九月のサフラン革命）があった関係で、出家者に対して厳しい処罰が下りやすい時期だった。そして二〇〇八年、長老はサンガ関連法二〇／九〇条にもとづいて逮捕されることが決定する。しかし長老が逮捕されようとしたまさにその夜、大型サイクロン・ナルギスが襲来したため逮捕が保留されることとなった。

土地の布施を記念して撮影された写真。中央がダバワ長老。左右が布施者の夫婦。この夫婦はその後、センターの管理委員会として活動した（2019年）

逮捕は免れたものの、四十五番通りの物件は差し押さえられてしまった。そこで二〇〇八年八月、ダバワ長老はヤンゴン近郊のタンリン町にセンターを移転することを決意する。移転先の三エーカー（約一万二千平方メートル）の土地は、二〇〇六年に退役軍人夫妻から布施されたものであった。インフラも整備されていない荒れ果てた土地であったが、他に選択肢はなかった。竹で急ごしらえの小屋をつくり、行き場のない百五十人と共に移り住んだ。

移転後も問題は山積みだった。無許可で違法な建築物を次々に建てること、若者を家族の許可を得ないまま勝手に出家させること、近隣の村とのトラブルが多発することなどがタンリン町の役人によって問題視された。その報告を受けて二〇〇九年初め、軍人、警察、出家者（国家サンガ組織のメンバー）、宗教省の役人が、再びダバワ長老を逮捕するためにセンターを訪れた。しかしそこで彼らが目の当たりにしたのは行き場のない老人や病人たちであり、センターを閉鎖したところで対処の仕様がないことは明らかだった。そこで処分保留とされ、現在までその状態が続いている。こうした背景があるため、現在でもダバワ瞑想センターは寺院としての登録が認められておらず、長老は公の場での説法や出版が禁じられている。

国内最大の社会福祉センターになる

タンリン町に移転したことによって、多くの人たちを受け入れるだけのスペースができた。しかし移転してから五年間は資金の問題から居住環境が不十分で、三百人を受け入れるのが限界であった。その風向きが変わったのが、二〇一一年の民政移管とそれに続いたメディアの自由化である。先述したように二〇一〇年代以降、ミャンマーでは「福祉（パラヒタ）」ブームが生じ、布施が「三宝」のみならず「社会的弱者」にも流れ込むようになった。

「誰でもいつでも受け入れる」ことを設立以来の方針とするダバワ瞑想センターは、それゆえに注目を集め、二〇一二年から一五年にかけて新聞・雑誌・テレビなどの取材が相次ぎ、センターの名はまたたく間に全国に広がることとなった。その結果、大量のヒト・モノ・カネがセンターに流入するようになる。また二〇一四年に新しい協会法が施行されたことで、センターは社会福祉協会として、晴れて公的な組織となることができた。

以下は二〇一二年のダバワ瞑想センターに関する記事である（ダバワ瞑想センターのホームページより。ただしセンターには公式ホームページは存在しない）。一般の人々が当時、長老やセンターにどのような印象を抱いたかを窺うことができるだろう。

ある夏のことだった。ヤンゴンの街は猛暑に見舞われていた。街で買い物をしていたとき、私は偶然、ダバワ長老と出家者たちが灼熱の太陽の下、通りから通りへと托鉢に行くのを見かけた。出家者たちはみな裸足で歩いていた。ダバワ長老はセンターに避難している千人以上の修行者たちを養えるだけの食事と布施を集めるために、このような炎天下に耐えていたのだ。とても哀れなことに、センターの修行者たちは年老い、病弱で、親族に見放されていた。このような不幸な人々の衣食住を世話するという善行から、長老の無私の慈悲を想像することができた。こうして私は、長老の布教精神に対する尊敬の念を一気に高めていった。

布施が大幅に増えたことで、センターはより多くの、多様な人々を受け入れることができるようになった。全国から老人、病人（末期患者や精神病者含む）、障害者、アルコールやドラッグ依存症者、孤児、ホームレス、ボランティア、外国人など、様々な背景をもつ人々が集まるようになり、現在ではミャンマー最大の社会福祉センターとなっている。またセンターの知名度が上がるにつれて、国内外からダバワ長老に支部設立の要請が届くようになった。後継者のいない寺院を布施（相続）されることも増えた。その結果、二〇二四年現在では国内に百以上、海外に約二十の支部を有するまでに至っている。

ダバワ長老自身はセンター発展の理由を、因果応報（善因善果・悪因悪果）という概念を用いて以下のように説明している。

現在のダバワ瞑想センターは因果応報の結果である。今、私は多くの人を助けている。だからこそ、私は自分の場所・持ち物・人生を、必要としている人たちのために使っていると社会から認められた。それが、私が社会から得られる結果である。

（Ashin Ottamathara, *Teaching of Thabarwa Sayadaw Ashin Ottamasara 2018-2007. 2018*）

すべてを放棄すれば、すべてが与えられる。善行をすればするほど、私たちが望むものを手に入れることができる。これは科学ではなく、数学でもなく、占星術でもなく、真理である。

（インタビュー、二〇一八年九月）

因果応報という教えは、長老の説法の最重要テーマの一つである。それが具体的にどのように展開されているかについては後述する。

事務所も寮も人でいっぱい

ただし瞑想センター、社会福祉センターというイメージをもってこのセンターを訪れると、あまりの混沌ぶりに衝撃を受けるだろう。私はその実態を調べるために二〇一八年八月に十日間滞在したほか、その前後に合計五回ほどセンターを訪れた。その実態を言葉で伝えるのは限界があるが、雰囲気だけでも想像してもらえるよう、ダバワ瞑想センターの紙上ツアーを実施してみたい。読者のみなさんは、センターを訪れる観光客、もしくは外国人ボランティアになったつもりで読んでほしい。

ダバワ瞑想センターの本部が位置するタンリン町は、ヤンゴンから車で東に一時間程度の場所にある。タンリン町の象徴であるチャイカウ・パゴダの前を通ってしばらく進むと、センターの大きな看板を見つけることができるだろう。敷地に入るとまず目に留まるのが、大きな講堂である。二階部分が五百人は収容できるくらいのホールとなっており、マハーシー、モゴック、テーイングーといった瞑想センターから瞑想指導者がやってきて、毎日のように瞑想コースや説法会が開催されている。

講堂の一階の一画には受付カウンターがある。センターに滞在する場合はここでパスポートやビザなどを登録する必要があるが、事前に予約する必要はない。ボランティアはいつも不足しているので、誰でも歓迎される。もし瞑想が目的であるのなら、センターの分院に行くことを勧める。後述するようにタンリン町の本部は瞑想するのに適しているとは言えないからだ。避暑地として知られるシャン州のピンウールイン町にある分院などがいいだろう。定期的にバスが出ているので、無料で連れて行ってもらえる（十時間以上かかるが）。

センターにお金の布施をしたいということであれば、講堂の隣にある事務所に行けばよい。この建物は三階建てで、二階部分に事務所やダバワ長老の部屋がある。ひっきりなしに布施者がやってくるので、事務所はいつも慌ただしい。ダバワ長老がセンターにいる場合は、長老に直接、布施を渡す機会がある。ただし長老は国内外を飛び回っているので、会うのはなかなか難しいかもしれない。

さて、センターに滞在する場合は、事務所の斜向かいにあるＵＳＡ寮という名前の外国人寮に案内される。四階建てで、二階は女子寮、三階は男子寮、四階は瞑想ホールとなっている。各部屋には二十ほどのベッドが並んでおり、空いているベッドがあてがわれる。私がいたときは欧米系（ヨーロッパ、アメリカ、南米）を中心に三、四十人が滞在していた。一日で帰る人もいれば、数年にわたって滞在している人もいる。新年（四月）の時期は七十人を超えることもあるという。その場合は瞑想ホールの一角に寝ることになる。

事務所で布施を受け取るダバワ長老（2019年）

寮には扇風機はあるがエアコンはない。電気がよく止まるため、その扇風機すら使えないことが多い。狭いスペースに大人数が寝泊まりしているので蒸し暑い。電気が止まると屋上のタンクに水を引き上げることもできなくなるので、シャワーやトイレも使えなくなる。そのため常に複数のバケツに水を汲んでおく必要がある。

備え付けの寝具には確実にトコジラミや南京虫やダニがいるので、新しいものを持参するとよい。蚊帳も必須であるが、これは寮のものを利用できる。プライバシーが欲しいということであれば、個人部屋を希望することもできるが、寮よりもひどいことが多い。私が最初に案内された部屋には先客（複数の犬）がいて、トイレもシャワーも壊れていた。情報交換や助け合いがしやすいので、センターでの生活に慣れるまではUSA寮にいることを勧める。窃盗が頻発しているので、貴重品は常に持ち歩いた方がよいだろう。

柱の陰にも人が住む

USA寮にベッドを確保できたら、センターの境内を散歩してみよう。センターの土地は設立当初の三エーカーから九十エーカー（約〇・三六平方キロメートル）まで拡張しており、そこには大小様々な百以上の建物がひしめき合っている。敷地の大部分を占めているのは、出家者、ティラシン（女性修行者）、在家者が居住する寮である。

二〇一八年六月時点の統計によれば、センターには三千七百七人が滞在している。内訳は出家者七百八人、ティラシン四百九十四人、在家男性千七十四人、在家女性千三百七十四人、外国人五十七人である。その内、六十歳以上が千六百九十九人、病人が千三十一人である。その他、統計に入らない一時的・日帰りの訪問者を含めると、当時でも四千人程度がいたと予想される。潜在的にはこれら全員が、ボランティアであり瞑想修行者である。

二百人以上収容可能な大きな病院二棟を筆頭として、大小様々な寮がある。大きな寮は、建物やフロア毎に出家者、ティラシン、在家男性、在家女性に分かれている。またＨＩＶ患者や結核患者専用の寮もある。以前は資金に余裕があれば、敷地内に自分で小屋を建てて住むことができた。しかしそれらも竹で造られた貧相なものが多い。どの寮もＵＳＡ寮以上に超過密状態であり、空気はよどんで蒸し暑い。人々は利用可能な居住スペースでやりくりしている。建物の隙間や柱の陰など驚くようなところにまで人が住んでいる。ほとんどはベッドもなく、薄いゴザの上に直接寝ている。

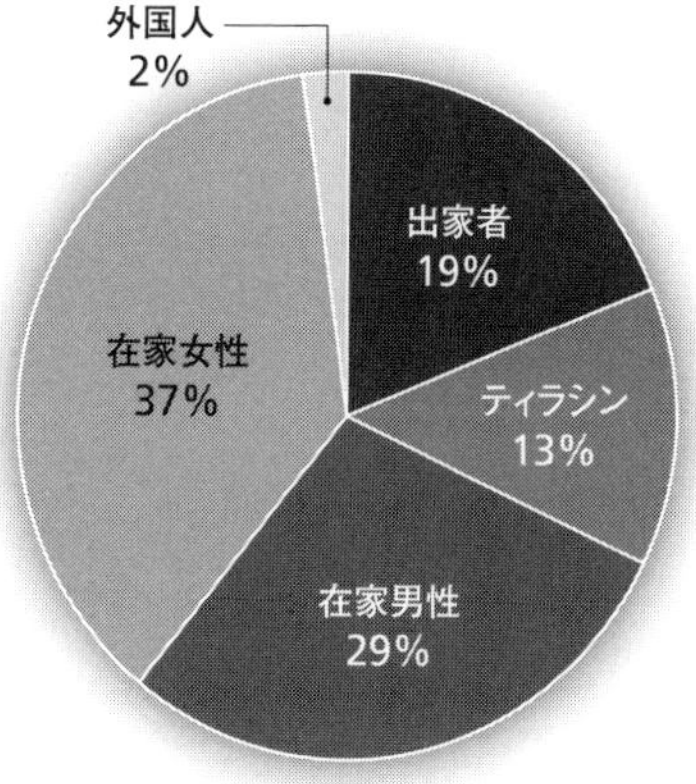

ダバワ瞑想センターに滞在する人とその内訳
（2018年6月）

二〇一六年から九人家族でセンターに住んでいるという女性は、センターに来た理由、そしてセンターから出ていけない理由を以下のように説明してくれた。

> 夫が脳卒中で倒れ、働けなくなった。収入がないので、食べるものもない。援助してくれる親戚もいない。だからこのセンターに来た。フルーツを売って得たわずかなお金で、たまに子

孤児の世話をする出家者。センターではそれぞれが自分のできる「善行」に励むことが奨励される（2018年）

供たちにおやつを買ってあげたり、夫に薬を買ってあげたりすることはできるが、困難からどのように抜け出せばいいのかわからない。いつか自分の家に住み、自分で商売をしたい。

手足がない人、大きな傷が全身を覆っている人、精神的な問題を抱えている人、ポリオやガンを患っている人。様々な困難に直面している住民を数え上げればきりがない。ただ横たわり、死を待つばかりのように見える人たちも多くいる。ある寮には年老いた痴呆の女性が、家具が全くない二メートル四方程度のコンクリートの小屋に「住んで」いた。部屋には大小便が散らばっている。狂犬病も患っているとのことだった。衝撃的な光景ではあるが、センターの外にいるよりはましなのかもしれない。多くの住人にとって、ダバワ瞑想センターは文字どおり最後に行き着く場となっている。

二万人近くが暮らす世界

寮以外の建物も見てみよう。モクモクと煙が立ち上っているのはセンターに二カ所ある調理場である。何千人もの住民や訪問者に食事を提供するために、毎日三百キロ以上の米を炊かなければならない。午後早くから真夜中まで、主に女性のボランティアたちが交代でニンニクや玉ねぎを切り続けている。食事の時間になると、食事を求める人たち（病人や老人に食事を運ぶボランティアも含む）の長蛇の列ができる。食事の配布も骨の折れる作業である。

ボランティアにも、朝食と昼食は無料で提供される。夕食はセンター内にあるレストラン（屋台）で食べられる。外国人は当番制で夕食をつくっている。水や日用品（石鹸やバケツなど）を取り扱っている雑貨屋や裁縫屋もあるので、大きな病気にならない限りはセンター内で生活することができるだろう。

ほかに特徴的な建物としては、遺体安置室がある。黄色く塗られた小さなコンクリート製の建物で、その中は常にエアコンが効いているので、遺体の腐敗を遅らせることができる。二〇一八年までにセンターで亡くなった人は二千人を超えるという。私が滞在していたときも毎日、数人が亡くなっていた。遺体は定期的に外の火葬場に、中古の救急車やトラックで運ばれていく。

その他、古いパゴダ（仏塔）が四基ある。内二つはほとんど崩壊しかけており、修復プロジェクトが立ち上がっている。由来は不明だが、この地はかつて戦争のため多数の死者が出た不浄の地と言われており、これらのパゴダはその鎮魂のために建てられたという。ダバワ長老もセンターにいるときは境内を回って土地の浄化をしているらしい。

センターに隣接している土地も、現在はセンターのものとなっている。三十六エーカーあるこの土地には元々村があったが、湿地帯で住むのに適さず、貧困層のスラムのような様相を呈していた。センターができると、村人はダバワ長老に土地の買取りを嘆願した。そのお金で別の良い土地に引っ越すためである。そこでダバワ長老は相場よりも高い価格で村全体を買い取った。しかし結局、多くの村人は引っ越しの費用を工面できず、売ったはずの村に留まり続けた。

慈善村の子供たち（2018年）

そこでダバワ長老は村の区画整備・インフラ整備（学校、診療所、井戸、公衆トイレ、図書館、瞑想ホールの整備）を進め、センターで七日間の瞑想コースを修了することを条件として、一家族あたり十五フィート（約四・六メートル）四方の小区画を無償で貸与することとした。二〇一二年のことである。「慈善村（セダナーユワ）」と呼ばれるこの村には、二〇一八年時点で約三千世帯（一万五千人）が居住している。

以上のように慈善村まで含むと、センターには二万人近い人が居住していることになる。布施者やボランティアの出入りも多く、日中は敷地内を人や車やバイクが所狭しと行き交う。夜になって人間の活動が一段落すると、犬たちの世界が広がる。数百匹の犬たちが狂ったように吠え合い、戦っている。複雑な縄張りや徒党があるように見える。犬社会の研究をするにはもってこいの場所だろう。

ちなみにUSA寮にはジェシーという名の雌犬が住んでいた。外国人グループのリーダーのお気に入りで、唯一、USA寮への出入りが許されていた（それを嫌う入寮者としばしば討論になっていた）。深夜、犬たちが遠吠えをする。ジェシーも寮の部屋からその遠吠えに加わる。犬たちが落ち着くと、今度は鶏たちがけたたましく日の出を告げる。それに比べて水牛は静かでいい。食料庫を襲わないでくれさえすれば。

ボランティアの具体的内容

センターに滞在したら、どのような一日を過ごすことになるのだろうか。センターでは第一に、瞑想することが奨励される。講堂では定期的に瞑想会が開催されている。講堂で行われる説法は各病棟のスピーカーにもつながっているので、寝たきりの人もベッドの上で瞑想することが可能である。また大きな寮の最上階には瞑想ホールがあり、そこで自由に瞑想できる。USA寮でも朝と夜の二回、英語が話せる瞑想指導者による指導がある（遅刻したり来なかったりすることも多い）。意欲があれば個人レッスンを受けることもできる。私は意欲があったわけではないが、成り行きで一日一時間の個人レッスンを受けた。そしてそれは素晴らしいもので、瞑想に対する苦手意識を大いに解消してくれた。

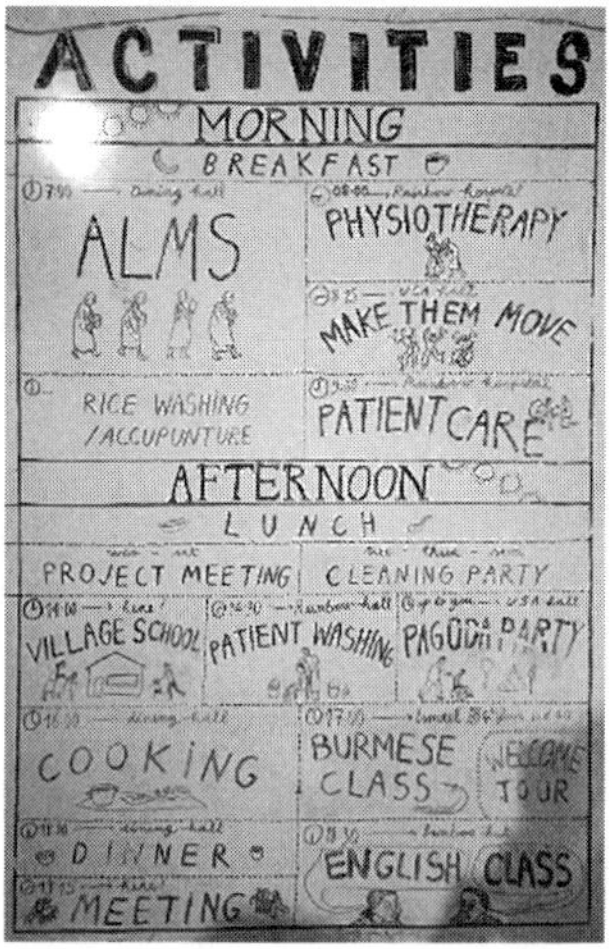

外国人寮に掲げられているホワイトボード。ボランティアなどのスケジュールが示されている（2018年）

生活の軸になるのは各種のボランティア活動である。老人・病人のケアや托鉢は組織化されており、マニュアルを参照したり先輩たち（ミャンマー人や福祉の専門家も含む）のサポートを受けたりしながら作業に加わることができる。それ以外にも自分の得意分野を活かして様々なことに挑戦することができる。料理をつくる、語学を教える、ヨガを教える、絵を教える、センターのウェブサイトをつくる、寮や境内の掃除をするなど。外国人グループは毎晩七時に集まり、翌日どのような活動をするかを話し合っていた。もちろん、強制は一切ない。やりたいときにやりたいようにやればいいというのがセンターの原則である。

　定期的なボランティアにはどのようなものがあるか。理学療法チームは、ケガや病気、障害のある人たち（多くは脳卒中やポリオの患者）の身体運動を支援する。しびれている手や足をココナッツオイルでマッサージする。それから立たせてみたり、調子がよければ少し歩かせてみたりする。そして四十五分を目安に次の患者に移る。二時間半の担当時間中に三、四人を担当することになるだろう。

患者ケア・洗浄チームは、患者の傷の洗浄と簡単な治療、包帯やおむつの交換、入浴の介助などを行う。人口は過密でボランティアはいつも不足しているので、動けない患者は床ずれによる傷がすぐに悪化してしまう。場合によっては骨が見えるような深い傷を目の当たりにすることもあるだろう。処置の途中で亡くなってしまう場合もある。ボランティアをする外国人の中には、ひどく落ち込み、食事ができなくなる人もいた。一方で、痛みに耐える強さや感謝の微笑みに触れて感動している人もいた。

車椅子を押して敷地内を小旅行するのは、ボランティアにとっても楽しい。患者の多くは一日中ベッドに座っているか、横になっているかで、何もすることがない。だから屋台まで行って紅茶を飲んだり、行き交う人や犬を眺めたりするような簡単なことでさえ、彼/彼女らにとっては特別な時間なのだ。道のわだちや穴を乗り越えるためにその場で人手を借りなければならないかもしれないし、車椅子が錆びたり壊れたりしていてうまく動かないかもしれない。あなたが車椅子の修理が得意であれば、重宝されるに違いない。

托鉢に同行する

私は十日間の滞在中、USA寮の隣にある、五十代のティラシンの姉妹（ガンガーさんとイニャメニャさん）が管理している建物にいることが多かった。ここはセンターに十ほどある托鉢グループの拠点の一つであり、一階は白米や野菜やお菓子などを収める食料庫になっていた。五、六人の子供たちが住み込みで働いており、その内の何人かは少数民族のパオ族だった。学校に通うためにセンターに来たらしい。ただ、手伝いが忙しくなかなか学校に通えないと愚痴をこぼしていた。

私は毎朝、この托鉢グループに同行することにしていた。ダバワ瞑想センターでは毎朝、十ほどのグループが組織され、タンリン町やヤンゴン各地に托鉢に出ている。各グループは出家者十人、在家者十人で構成される。托鉢の手伝いも重要なボランティアの一つである。ある朝、私が起きると外は大雨だった。私が外に出るとイニャメニャさんがほっとした顔を見せる。雨が降るとボランティアが減るため、人数が揃わないかと思って心配していたという。

ガンガーさんとイニャメニャさんは、センターがタンリン町に移転する際に、実家を引き払って家族全員でセンターに移り住んだ。兄も運転手としてセンターに滞在している。托鉢はトラックに乗って各地へ出向く。二十人のグループが十、合計二百人の大イベントで、これが毎朝行われるのである。トラックの荷台に向かい合わせのベンチが備え付けてあり、そこにぎゅうぎゅう詰めになって目的地へ向かう。隣に座った出家者に話しかけてみると、昨日出家したばかりだという。体中に入れ墨があった。毎度、急ごしらえのグループだが、「ダバワ」の看板を背負うので責任感に身が引き締まる。

目的地に到着すると、在家者のボランティアには様々な袋や容器が渡される。通常、出家者の托鉢では調理された食事を受け取ることが一般的であるが、このセンターは社会福祉センターとして有名なので、お金、生米、果物、お菓子、日用品など、あらゆるものが布施される。それを種類別の袋や容器に入れるのである。私はお金を集める銀色の容器を持って歩くことが多かった。大雨の中で傘を差しながら、お金が濡れないようにビニールをかぶせた容器を持って歩くのも、布施されるたびにそれを開け閉めするのも、なかなか難しい。ある場所まで片道一時間かけてトラックで行き、そこから二時間程度歩くということもあった。センターへ帰る頃にはヘトヘトになるが、人々の日常生活を垣間見ることができるのは興味深い体験である。持ち帰った布施は、お金（一グループ一万円くらい集まる）は事務所に渡され、食事は食堂で分配され、食料は調理場や倉庫で保管されることになる。

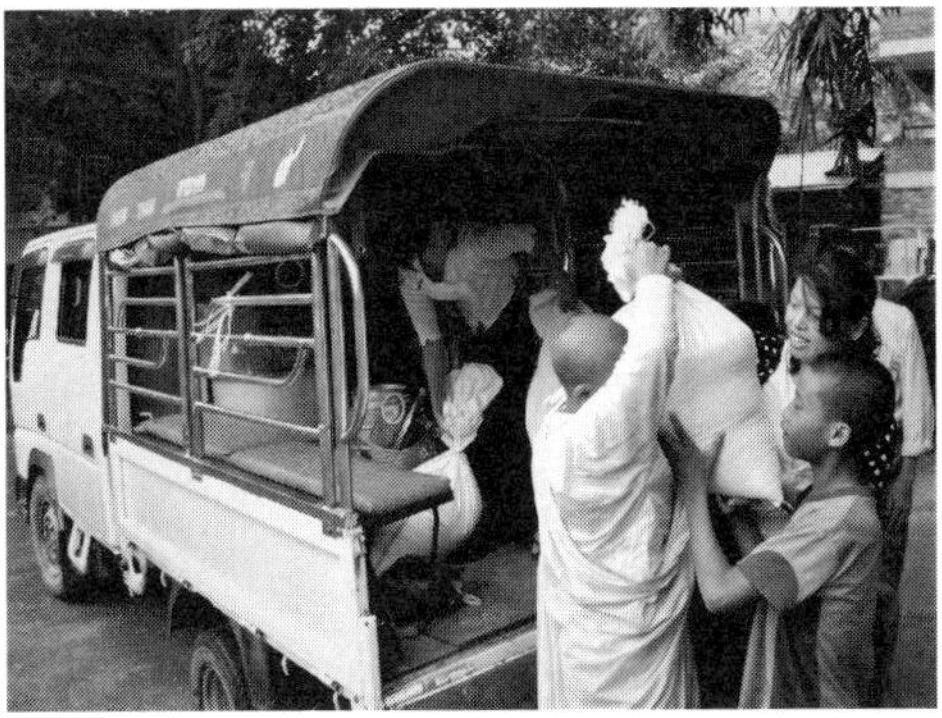
托鉢で得た生米の袋をトラックから降ろしているところ（2018年）

外国人ボランティアたち

外国人たちは各々好きなように過ごしている。瞑想もボランティアもせずに、日がな一日ぼんやりしている人もいる。私が滞在していたときは、滞在歴の長いフランス人男性がリーダーとなって外国人グループを取りまとめていた。センターやボランティアについては、先達たちが丁寧に説明してくれる。センターの外国人は様々で、旅行中に滞在している人、放浪の末にたどり着いた人もいたが、わざわざボランティアをするために来た人も多かった。外国人ボランティアたちが残していた手記から、センターの様子が伝わりそうなものを紹介しておこう。

ダバワ瞑想センターに来て初めてやったことリスト。四肢切断者の体を洗った。大人のおむつを交換した。交換している途中でその患者が気を失った。死にそうな患者がいた。診察前に患者が亡くなった。患者によだれをかけられた。患者が私の上で泣いた。大量の真菌に感染した患者がいた。尻から腸を出して歩く犬がいた。カンボジア僧と一対一で瞑想した。スリランカ僧とコンクリートを作った。ベトナムの老人からベトナム語の数字を教わった。ブラジル人医師と托鉢に出かけた。デンマーク人のモデル・コンテスト準優勝者と食中毒になった。(二〇一七年、アメリカ人男性)

絵画教室をやって一番印象的だったのは、ベッドに横たわったまま動けない女性だった。彼女が何に苦しんでいるのかはわからないが、全く不自由で、話すことも、起き上がることもできない。ほかのみんなは絵を描いているのに、彼女がひとりで横になっているのはかわいそうだと思った。私は画材を持って彼女のところに行き、目を合わせた。何をしているのかわかるように、私は彼女の頭上で絵を描いた。最初に大きな太陽を描くと、彼女は目を輝かせた。私は山や夕日を描き続けた。彼女が楽しんでいるのがよくわかった。それからヤシの木とココナッツとバナナを描いた。私はおしゃべりをしながら絵を描き、彼女は優しく笑った。描き終わると、私は彼女に絵を渡し、それを持つのを手伝った。絵が手から落ちるまで、彼女は長い間それを見つめていた。私はほかの人たちのところへ回ったが、私の心は、信じられないほどか弱い体をしたこの女性に釘付けになっていた。彼女の様子を見に戻ると、彼女は手を挙げ、私の手を握った。私はしばらくその場に立ち尽くし、彼女の手を握り、デリケートな肌を優しく撫でた。彼女は微笑み、うとうとと眠ってしまった。私は涙が出てくるのがわかった。コミュニケーションもとれず、身体も機能せず、ただベッドに横たわっているだけの人を喜ばせることができたのは、信じられないほど力強いことだと感じた。私は喉の奥にしこりを残したままその場を後にしたが、それは彼女に笑いと喜びと安らぎを与えることができたことがうれしかったからだった。(二〇一七年、ノルウェー人男性)

センターでは物理的にも心理的にも他者（動物も含む）が近い。互いに助け合っているが、だからといって仲がいいというわけでもない。愚痴をこぼしながら、喧嘩しながら、それでも互いに配慮せざるをえない状況がある。

センターで生活してみると、人間とは「利己」と「利他」が入り混じった存在であることをつくづく実感する。自分勝手に生きようとしても、つい手を差し伸べてしまう。あるいは自分勝手に生きているように見える人も、誰かの何かの役に立っている。逆にボランティアへの意欲に燃えていた人が、二、三日経つとセンターに幻滅して出ていってしまうこともある。他者と否応なくかかわることによって、見たくない自分の本音が顕わになるのかもしれない。それでも、いや、だからこそ私たちは互いにかかわる意義がある。センターでは多様な人生が重なり合い、様々な波紋を生じさせていた。そこには人間の美しさ、醜さ、強さ、儚さのすべてが詰まっていた。

二 「善行」至上主義

布教と福祉

ダバワ瞑想センターの現場を見ると、あまりのカオスぶりに、ここが瞑想センターであることはおろか、社会福祉センターであることも忘れそうになる。では設立者のダバワ長老は、こうした状況を許容しているのだろうか。そして、ダバワ長老の目指す布教とはどのようなものなのだろうか。長老自身の言葉を引用しながら、布教の内実を確認していこう。

長老は一日の大半をセンター内外（支部を含む）で説法をして過ごしている。ミャンマー語・英語でなされるこれらの説法は、センター関係者たちのFacebookでライブ上映され、場合によっては文字起こしされ、瞬時に共有されている。また自費出版された説法本もある（前掲 Ashin Ottamathara, *Teaching of Thabarwa Sayadaw Ashin Ottamasara 2018-2007*）。これ以降の長老の言葉は、これらの資料に依拠している。

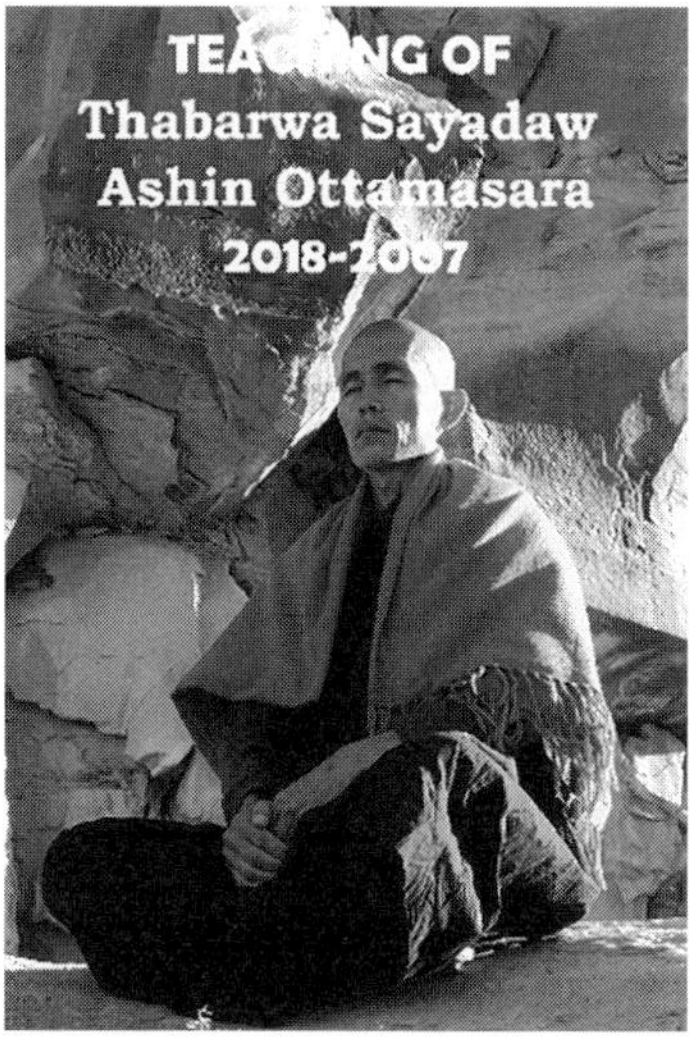

ダバワ長老の説法本の表紙

一言でいえば、長老およびセンターの目的は「人助け」である。出家の動機や「人助け」への決意について、長老自身は以下のように語っている。

> 瞑想をする前は、教育を受けた人間として、ビジネスマンとして、自分自身にも誰にも満足していなかった。しかし瞑想をしていたときにある老僧と出会った。

彼は年老いていたが、自分が理解していることを熱心に教えてくれた。彼は私が善行することを心から望んでいた。彼と接したとき、彼の心の中に善意を感じることができた。それは私を驚かせた。社会のほとんどの人々は自分のことばかり考え、他者のために働いていなかった。しかし社会とは正反対で、その老僧は自分が理解していることを共有することに非常に熱心だった。それが私の興味をそそった。なぜ彼はこの仕事が好きなのかと。私もその老僧のようになりたいと思った。マザー・テレサは世界で最も貧しい人々を助けるために、インドで彼女の人生を使用していた。私が人助けをしたいと思ったのは、そのような人たちの伝記を読んだからである。

「人助け」という文脈でマザー・テレサが引き合いに出され、仏教徒が出てこないのは、ミャンマー仏教の特徴を示していると言えるかもしれない。先述したとおり、ミャンマーでは仏教徒による社会福祉活動は長らく低調だったからである。ただし助ける対象は、実際には「人」ではなく、私たちの無知であるという。ここにダバワ長老の、あるいは上座部仏教の「人助け」の真骨頂がある。

私たちの肉体的・精神的な問題はすべて「真理（ダンマ。仏法とも訳される）」を知らないことから来る。だから慈悲の対象は人ではなく、貧しい人でもなく、動物でもなく、彼らの間違った理解、間違った認識であるべきである。私は困っている様々な人たちを助けているが、その対象は彼ら自身ではなく、彼らの無知である。もしあなたが人間の側から見たら、このことは理解できないだろう。学歴があろうとなかろうと、健康であろうとなかろうと、金持ちであろうとなかろうと、私は彼らの状況に関心はない。彼らが無知や執着から解放されているかどうかにだけ関心がある。

つまり長老は世俗的な「弱者」という評価軸を持っていない。私たちは様々な社会的弱者を見て「かわいそう」だと思うかもしれない。実際、私もセンターで何度もそのような感情に見舞われた。しかし長老から見れば、「かわいそう」なのは無知ゆえに執着し、執着ゆえに苦しむ無知蒙昧《もうまい》な私たち自身なのである。

私たちは執着のために、裕福／貧困、健康／病気など、良し悪しを区別する。しかしこれは間違っている。これらは創られた概念であって、真理ではない。もし私たちがお金や富を持つのがよいことだと思うならば、何も持たないのは悪いことだと思ってしまう。生きることがよいことだと思えば、病気になるのは悪いことだと思ってしまう。

真理＝無常・苦・無我＝因果応報＝自然

「社会的弱者に衣食住薬や教育などを与えること」を「福祉（パラヒタ）」と定義するのであれば、それはセンターの主目的ではない。長老の言う「人助け」あるいは布教とは、社会的弱者であろうがなかろうが、あらゆる人たちを真理へと導くことにある。

ではその真理とは何か。長老によれば真理とは無常・苦・無我であり、因果応報の理《ことわり》であり、「自然（ダバワ、あるがままの現実）」である。つまりダバワ瞑想センターとは、日本語に訳せば自然瞑想センター、または真理瞑想センターとなる。

真理は誰かではなく、何かでもなく、生物でもなく、非生物でもない。生物も非生物も、無知と執着のために創造されている。そこには創造だけがあり、創造者はいない。あるのは原因と結果だけである。因果は自然であり、恒久的なものであり、何かではなく、誰かではない。私たちはみな、真理を愛し、真理に頼るべきである。あらゆる種類の善行ができるようになればなるほど、私たちは真理の理解に近づける。正しいことをしていれば、必ずよい結果が得られる。間違ったことをしていれば、必ず問題に巻き込まれる。このように自然は完全であるので、私は（センターの名前として）「自然《ダバワ》」という言葉を選んだ。

ここにはダバワ長老の独特な仏教解釈や諸概念の関連づけがみられるが、言わんとしていることはミャンマー仏教で一般的なものである。私たちは通常、「私」という実体があると考えている。しかし私という身体は、生まれてから死ぬまで、刻一刻と移ろいゆく。心もまた、同じように瞬間、瞬間で移ろいゆく（無常）。それは原因と結果の絶え間ない連続（因果応報）であり、私という確固たる実体はない（無我）。その変化は思い通りにならないという意味において「苦」である（生老病死など）。つまり無常・苦・無我というのは、すべて同じことの言い換えである。それは私以外の他者にもあてはまる。

この真理に気づくことができれば、すなわち「悟り」を得たならば、もはや「こうあって欲しい」という思い（自分や他者に対する期待・執着）がなくなる。その結果、変化する自分や他者を見ても、平静な心でいることができる。これが上座部仏教の理想的境地（涅槃）であると言えよう（執着や輪廻から解放されるという意味で「解脱」とも呼ばれる）。そしてそのための方法としてダバワ長老が強調しているのが、ダバワ瞑想センターの代名詞にもなっている「善行（クドーカウンフム）」である。

「善行」とは何か

ダバワ長老によれば、「善行とは、人を助けること（ボランティア）、戒を守ること（殺さないこと、盗まないこと、不貞行為をしないこと、嘘をつかないこと、飲酒をしないこと）、瞑想すること」である。これは上座部仏教において在家者の修行として一般的に説明される布施・持戒・修習（瞑想）を集約したものであり、それ自体に新しさはない。

ダバワ長老に特徴的なのは、瞑想を布施の一種として提示する点にある。つまり瞑想は心を捨てるための手段であり、それゆえにセンターにおいては布施（労力・モノ・カネを他者に与えること＝ボランティア）の一種として位置づけられる。究極の布施とは、心を手放すことであり、その意味で他者に与えることすら必要としないという理解である。

瞑想とボランティアを一緒に行うことをもっと強調してほしい。ボランティアだけ、瞑想だけでは不十分である。ボランティアは社会の最高の善行である。瞑想は心に関わる最高の善行である。

善行とは布施であり、布施とは放棄することである。私たちが放棄すべきものは二種類ある。一つは自分の所有物やお金や身体である。もう一つは心である。心を捨てることは、無常・苦・無我という真理を理解することと等しい。心を捨てることは、最も尊い布施である。

つまり究極の目的とは心を捨てること、「私」という幻想への執着を捨てることであり、それが善行をするときに最も注意しなければならない点である。私たちは日常、「私が」食べる、「私が」歩くなど、「私」を主語として行為を捉えている。この考えを捨てなければならない。「私が」善行するという考えも同じである。あるいはそもそも「食べる」「歩く」「善行する」という認識自体が誤りである。それは「私」という主語を前提とするからである。したがって「善行する」という考えも捨て去って善行しなければならない。

私たちはボランティアをし、戒を守り、真理の話を聞き、瞑想をすることができるが、そのとき自分の行動や心の対象を把握してはならない。今何をしているのかを把握してはならない。自分の体や心に何が起こっているのかを把握してはならない。私たちは執着せずに、ただやる・知る・使う・経験することに集中すべきである。もし「私は善行をしている」と思うのならば、それは正しい理解ではない。実際には、何かがあるわけでも、誰かがいるわけでもない。ただやっているだけであり、ただ使っているだけであり、ただ知っているだけであり、ただ経験しているだけである。誰もやっていないし、何もやっていない。

瞑想方法として呼吸や腹部の上下に注意を払ってもよいが、自分の行動や自分がしていることには注意を払ってはならない。これが無執着の実践だ。重要なのは、自分の心の中にあるすべての行動を、その行動をしている最中にも「捨てる」ことだ。「捨てる」とは、痛み・

騒音（音）・視覚・味覚など、私たちが常に中心に置いているあらゆる種類の創造された行為や行動を捨てることである。そうでなければ習慣的に作られた「する」という理解のせいで、いつも心の中で次から次へと何かを「しよう」としてしまうだろう。

「捨てる」とは自分自身から離れることである。自分のことを考えるのをやめなければならない。無我について考えるべきである。「誰も」瞑想などしていない。ただ因果、ただ無常が瞑想しているのである。自分のことを考えるのではなく、ただ無我、無常のことを考えなさい。自分を通じて無常なる自然を表現しなさい。

こうした善行は、継続的に行うべきであるとされる。自分の無知を打ち破るためには、自ら実践（善行）するしかないのである。

期待すればするほど挫折する。愛すれば愛するほど憎しみが募る。執着しすぎてはいけない。犠牲を払うことを学びなさい。貪欲になるな。功徳と寛大さを高めなさい。物事は欲望だけで起こるのではない。起こすから起こるのだ。善行は常に同等の見返りをもたらす。悪行も常に同等の見返りをもたらす。願っているだけでは何も起こらない。懸命に働き、善行を行いなさい。あなたがそれに値するなら、それは実現する。

できないことを継続的に実践することが、成功への鍵なのだ。このようにして、私たちは自分の能力を変えていくのだ。行動と認識を変えなければならない。そうすれば人生を変えることができる。私たちはみな変わる必要がある。なぜならブッダを除いて完璧な人間などいないのだから。認識を変え、行動を変え、人生を変え、能力を変えるのだ。

「善行」を促す場としてのセンター

ただし「善行」が重要であるとはいえ、断固たる決意をもって自ら「善行」に励むことができるような人間はなかなかいないだろう。重要なのは、自然と善行をしてしまうような環境であり仕掛けである。センターはまさにそのような目的で設立された。

人々が様々な善行を行う機会を提供することを目的として、私はダバワ瞑想センターを設立した。この国には、仕事がなく、生きていくための方法を見つけられない貧しい人々がたくさんいる。私は伝統的な社会規範によって直接問題に向き合うのではなく、真理の助けを借りて問題を解決する。彼らにできる限りの善行を行うように励まし、真理についての正しい理解を育むことを助ける。善行によって得た功徳によって、自分の問題が解決されていくことに気づくだろう。

では、個人ではなくセンターにいながら善行することは、どのような有効性があるのだろうか。第一に、社会や家庭から離れて善行に専念できる点にあるとされる。ある種のアジール（聖域、避難所）を実現しようとしていると言えよう。

このセンターでは、社会や家族から、所有から離れていくことを強調している。だからこそ、私たちは瞑想者のために新しい場所を作り、建物を建て、人々が仕事や家庭から離れて、あらゆる種類の善行を行うことができるようにしている。

第二に、センターで協働することによって、長老を模範としながら、様々な人々とのかかわり合いの中で善行に習熟していくことができるとされる。

私の教えを聞いて、私の言うことが正しいのか間違っているのか、よいのか悪いのかを試すことができる。私の教えは、理論からではなく、思考からでもなく、読書からでもなく、実践から生まれる。実践によってのみ、人々は私の教えを理解できる。私は、あらゆる善行をすることで自分を忙しくさせている。これは、私に関係する人たちを教育するための最良の方法である。

精神病者のほとんどは自由である。彼らの心が安定していれば、他者を助けることもできる。私が理解しているのは、善行は精神病者にとっても、普通の人にとっても最高の薬だということである。最初は平凡だった人たちも、善行をすることによって心が変わり、知性が変わり、人生が変わっていった。彼らが善行をしているから、ますます多くの人が彼らを頼りにするようになった。そうやって、彼らはリーダーになっていった。私のようになったのである。ここでは私たちの人生は、自分のためだけでなく、他者のためにも役立っている。

第三に、センターには常になんらかの助けを必要とする多くの病人や老人がいる。善行を積む中で瞑想に関心を持ち始める人もいるだろう。このような様々なニーズと出会うことによって、私たちは自分の中に様々な意欲や可能性があることに気づくことになる。可能性に気づけば、できる範囲、やりたい範囲でそれを発揮していけばよい。それによってきっと誰かが救われる。センターの力の源は、多様かつ莫大なニーズにある。

ある人は土地を、ある人はお金を、ある人は労働力を布施する。センターに滞在することで、自分の人生を布施する人もいる。すべての布施を合わせれば、完全な瞑想センターができる。必要と支援、需要と供給が揃っている。瞑想をしたい人がいるから、瞑想を教えたい人が来る。病気で治療費が足りない人がいるから、自分の技術を患者のために使いたい医師が来る。

センターで彼らは出会う。そうすれば善行を積むことができる。

デヴィッドのこと

アメリカ人のデヴィッド（二〇一八年当時三十代前半）は、深刻な薬物依存の末にダバワ瞑想センターにたどり着いた。高校時代に交換留学生としてイスタンブールを訪れたのを皮切りに旅を始め、中国や東南アジアの国々を転々とした。十八歳のときに中国で薬物に出合ったことで人生が変わる。最初にラオス、その後アメリカで二回、刑務所生活を経験した。リハビリにも一年以上通ったが、代わりにアルコールに依存することになった。そして同じく依存症だった妻の死を契機として、自殺願望が抑えられなくなった。

薬物使用を再開するためにミャンマーにやってきたが、おそらくあまり長くは生きられないだろうと思った。そしてあてもなくカンボジアへ向かおうとしたが、飛行機に乗る前の夜、ヤンゴンの路上で気を失って倒れてしまった。目を覚ますとお金もスマホもなく、ただパスポートの中に期限切れのビザが入っていただけだった。藁にもすがる思いでゲストハウスの従業員に相談したところ、ダバワ瞑想センターを紹介してくれた。それまでセンターのことを聞いたことがなかった。食事と部屋を提供され、善行しながら日々を過ごすと聞いた。それは自分が望む生活とは正反対のものだったが、ほかに選択肢がなかった。

私がセンターに滞在していたとき、デヴィッドはUSA寮ではなく個人部屋に住みながら、ティラシン（女性修行者）たちの世話になっていた。センターでも薬物を使用してしまい、しばしば病院や警察の世話になった。私に会ったとき「もうこれはおれには必要ない。だからお前にあげるよ」と呂律の回らない口調で謎の薬を手渡してきた。近くにいたティラシンがそれを私から奪い取って近くのゴミ箱に捨てた。ティラシンたちは彼にダバワ長老の説法を聞くようにと助言していたが、彼は音楽ばかり聞いていた。ある朝、アメリカの家族から連絡が来た。彼の親しい友人が自殺したという。彼は泣きながらコーヒーにアルコールを混ぜて飲んだ。

最終的に、ティラシンたちは彼を半ば強制的に出家させることにした。彼のカルマ（業《ごう》）を改善するためのカンフル剤になればという配慮からだった。今世において過酷な状況（薬物やアルコール依存）に陥っているのは、過去生で善行をしなかったからに違いないという分析にもとづく判断である。世話係のティラシンは以下のように話す。

デヴィッドはまだブッダの教えを信じていない。ブッダの教えはまだ彼の中にはない。ブッダの教えが彼の人生においてどのように機能するかは、まだわからない。生と死について、彼は私以上に知っている。私たちは別の人生を歩んでいるようなものだ。彼は敬意をもって長老に接しているが、心の中では受け入れていない。出家が彼を目覚めさせるか試してみたい。

出家はすぐに許可され（薬物依存者が出家することは他の寺院ではありえないが、このセンターでは通常のことである）、彼は晴れて比丘となった。しかしベトナム人のティラシンから送られてきたメッセージには、出家者姿のデヴィッドが、ベッドの上で痙攣している動画が付いていた。どうやら薬物の禁断症状で苦しんでいるようだ。「私は善行として、病人や困っている人の世話をしています。でもそこには執着や欲望があります。私はデヴィッドを重荷と感じ始めています。逃げ出したいとも思っています。でもデヴィッドは私の本当の先生なのです。だから私はこの善行を続けます」。その後、デヴィッドはオーストラリア人のボランティアと一緒にヤンゴンに出かけて薬物を使用し、警察に捕まった。そして強制的に還俗させられた。再び俗人となった彼がその後どうなったか、私は知らない。

デヴィッドは息も絶え絶えにセンターにたどり着き、多くの人たちの支えの中で生きていた。彼は世話係のティラシンたちをいつも困らせていたが、ティラシンたちは彼のことを先生だと言っていた。長老の言うとおり、センターでは「私たちの人生は、自分のためだけでなく、他者のためにも役立っている」。

心を手放すという布施

以上、長老の言葉を引用することによって、長老の布教観について整理した。長老の言う布教とは、第一には「他者が善行をすることを助けること」を意味する。つまり自分を救うことができるのは自分のみである（自業自得）という価値観を基礎として、それを間接的に助けるという構図がみられる。もちろん、善行は労力・モノ・カネの布施を含むので、他者の世俗的な苦しみに対する直接的な貢献になりうる。しかし長老が強調するのはあくまでも仏教的な救済である。

ではこうしたメッセージは現地ではどのように受けとめられているのだろうか。第一に、「善行」という概念は、多様な人々の参与を可能にするマジックワードとなっている。長老の周りには長老ファンのティラシンや女性信徒がひしめき合っており、長老の出張に誰がついて行くかといった問題で常に揉めている。海外に出稼ぎに行くために介護研修を受けている若者、バックパッカーの欧米人、私のように研究上の関心からセンターへと来る者もいる。あるベトナム人富豪は、長老に子宝祈願をしたところ子供を授かったことから、現在では大口の布施者となっている。

しかしいかなる動機であれ、善行をしている、あるいは善行をするつもりがあるならば、センターの一員となる資格がある。実際、「なぜセンターに来たのか、なぜセンターに滞在しているのか」という質問をすると、誰もが異口同音に「善行をするため」と答える。善行こそがこのセンターの最重要課題であり、その概念を通じて誰もが自分の行為・存在の正当性を主張しうるのである。

第二に、全員が善行を積む場であるというセンターの理念は、助ける／助けられるという上下関係を平準化する作用がある。センターにおいては、寝たきりの老人・病人であろうが、一方的

ダバワ瞑想センターの宣伝チラシ。何十種類もあるうちの1つ。ボランティアの有志が作成している（2018年）

に助けられる対象、つまり布施の恒常的な「受け手」として扱われるべきではない。なぜなら彼／彼女らは寝たきりであっても部屋のスピーカーから勝手に流れてくる説法を聞きながら瞑想できるからであり、さらにそれはボランティアよりも尊い布施（心を手放すという布施）として定義されているからである。つまりこのセンターにおいては「誰を助けるか」ではなく、自分の能力や関心に応じて「善行する」ことが強調され、その意味ではみな仲間である。

寝たきりの物言わぬ老人の表情が穏やかだったのは、心を手放せていたからなのかもしれない。だとしたら私の目にはどんなに惨憺《さんたん》たる状況に見えようが、彼は私の先達である。決して「かわいそう」な存在ではない。あるいはまだ心を手放せていないのだとしたら、私たちは仲間である。励まし合いながら、善行の機会を互いにつくりながら、それぞれができる善行に励めばいい。

一方で、こうした見立ては理想主義的過ぎるかもしれない。実際にはダバワ瞑想センターの活動や長老の説法に対して様々な批判があるからである。これらの批判を通して浮かび上がってくるのは、世俗的（西洋近代的）価値観と仏教的価値観の鋭い対立である。実際に二〇二〇年以降、新型コロナウイルスへの対応をめぐって様々な議論が交わされることになった。現実の諸問題と照らし合わせてみたとき、長老の布教観はどのようなものとして現れるのだろうか。以下、いくつかの事例を通して検討してみよう。

動物保護活動をめぐる議論

はじめに、ダバワ瞑想センターが運営している動物保護施設をめぐる議論をみてみよう。ヤンゴン郊外のフレーグー町にある分院は、百八十エーカー（約〇・七三平方キロメートル）という広大な土地を活かして、二〇一六年から動物保護施設を運営している。数を制限せずに「誰でもいつでも受け入れる」というセンターの方針は動物にも適用される。

二〇一九年時点の集計によると、この施設には約二千頭の犬を筆頭に、牛・水牛・猫・ヤギ・鶏・豚・ツキノワグマ・キツネが保護されている。去勢手術の代わりに朝と夕方の二回、スピーカーから説法のテープを流している。「説法を流すと犬たちは交尾をしなくなる」と施設のマネージャーは言う。しかしセンター本部の状況と同じく生活環境は劣悪であり、それがしばしば批判の対象となっている。以下は施設の状況を非難するアメリカ人ボランティア（「ボラ」とする）と長老の対話である。

長老　彼らにはほかに選択肢がない。ほかの場所には送れない。だから私たちのセンターに送られてきた。だから私たちは世話をしなければならない。

ボラ　しかしあなたたちは世話をしていない。これが問題だ。

長老　私たちはできるかぎりの世話をしている。ここはミャンマーだ。先進国ではない。

ボラ　それは関係ない。ヤンゴンにも七百匹から九百匹の犬を保護している保護施設がある〔引用者注：アメリカ人が二〇一二年に設立〕。その施設では老衰で死ぬ。しかしダバワの施設では若くして死ぬ。もしくはネグレクトされている。あなたは彼らをゆっくり殺している。彼らを苦しめている。

長老　そのような意図はない。意図が最も重要である。

ボラ　だとしたらあなたは彼らを世話しなければならない。

長老　それは違う。もし私たちが彼らを受け入れなければ、彼らは毒殺されるだろう。私たちは、他者が悪行を犯さないように彼らを保護している。他者によって意図的に殺されることと、自ら死んでいくことは異なる。わからない人にはわからないだろう。人々が彼らを意図的に殺す方が悪いことだ。時間がきたら彼らは自然に死んでいく。私たちが保護した後も、彼らは戦い、いじめ合うかもしれない。病気になるかもしれない。しかしそれでもなおよい。人々が悪行を犯さないで済むからだ。今、私たちはコロナ禍の最中だ。もしヤンゴンの人々が殺しをやってしまうと、悪いカルマが増大してしまう。それでこのコロナ禍を乗り越えられると思うか。他者を殺すというカルマによって、自分の命を失わないと保証できると思うか。これが因果応報の法則だ。

当該の上記のボランティアによって「成功例」として評価されている動物保護施設を運営するアメリカ人は、ダバワ瞑想センターの動物保護活動について次のように述べる。

長老の意図は素晴らしい。長老は犬の世話を拒否できない立場に置かれていた。だから彼は世話しているが、彼には適切な施設も支援もない。薬もない。避妊・去勢手術も行われていない。私が思うに、長老は苦しんでいる。そして動物たちも苦しんでいる。現状では、動物たちは路上にいる方がましかもしれない。重要なのは人々の教育だ。

保護するが十分な世話をしないというのは、ボランティアの視点からすれば無責任極まりない。一方で長老の視点からみれば、保護されるか否か、十分な世話を受けられるか否かもすべて、彼ら自身のカルマによるものであり、他者がどうこうできる問題ではない。より重要なのは、動物たちが意図的に殺されないということにある。それは殺す側に悪いカルマをもたらすことになるからだ。どちらが何を学ぶべきか。両者の溝は深い。

コロナ禍をどう捉えたか

次の事例は新型コロナウイルスへの対応をめぐる、より直接的な議論である。この世界的な脅威について、ダバワ長老は何を語ったのか。

二〇二〇年、ミャンマーでも新型コロナウイルス感染が広がって以降、ダバワ瞑想センターは大きな混乱に陥った。経済が停滞したために貧困者たちの生活はますます不安定になり、多くの人びとがセンターに避難するようになった。二〇二〇年四月から二〇二一年一月までにセンター内の人々は千人以上増加し、センターはパンク状態になった。その一方で、多くの老人や病人、外国人を抱えるセンターは行政指導の対象となり、閉鎖・隔離、外出制限（托鉢の禁止も含む）などの要請が出された。また滞在している外国人からも、センター内での行動制限（マスク着用やソーシャルディスタンスの確保など）の必要性が訴えられるようになる。

こうした状況の中でダバワ長老は、様々な媒体を通じて繰り返しこう伝えた。「コロナ禍に見舞われている今だからこそ、もっと善行をしよう。善行をすれば私たちは必ず守られる」。そこにはウイルスに関する医学的・科学的見解とは全く異なる思想がみてとれる。

ダバワ長老によれば、ウイルスの原因は人間の煩悩（貪瞋癡）にもとづく因果応報である。

煩悩に突き動かされた人間は、戒律を守らず、人を殺し、動物を殺し、環境を破壊する。その結果、このような世界的なウイルスが発生し、多くの人たちが亡くなっている。同じことは過去にも起きたし、これからも起こるだろう。

化学薬品を使って虫やウイルスを殺せば、私たちも虫やウイルスに殺される。同じ原因、同じ結果だ。森林を伐採し、ゴミを捨て、金やルビーや石油を探し、私たちは環境を破壊している。地震、洪水、台風、津波などによって私たちが破壊されるのはそのためだ。

このように長老はウイルスに惑わされるのは因果応報であり、この悪循環を断ち切るためには、戒律を守るといった善行をする必要があるという。ウイルスと戦わない。そうすれば私たちはウイルスとは異なる存在になる。

私たちはウイルスを拒絶しているわけではない。ウイルスに執着しているわけでもない。私たちはただ善行をするという方法に頼っている。もしウイルスを殺したいと思うなら、心は戒律を破っている。そうすればウイルスに感染する可能性があり、安全ではない。ウイルスを避けたいのなら、ウイルスとは違う見方や活動をすべきである。

ウイルスは利己的だ。自分のことだけを考えている。人間の中で生き残りたいのだ。人間もできる限り生き残りたい。人間も自分のことしか考えていない。だから人間はウイルスと戦っている。だからウイルスも攻撃している。ウイルスと人間の間には戦いがある。しかし、私たちはウイルスと戦っているのではない。殺しはしない。だから私たちはウイルスの敵ではないのである。

逆に、先進国のように薬や医療に頼ることの限界を指摘する。

先進国の人々は薬に頼り、いつも薬を飲んでいる。だから免疫力が低下し、多くの人が命を落としている。新しい病気には薬が効かない。何もできない。薬が現れるのを待つしかないのだ。瞑想すれば、薬やお金に頼ることを減らすことができる。そうすれば、ウイルスを耐えることができる。

二人の医者がいれば、二通りの意見がある。社会には確かなものは何もない。しかし真理は確かである。だから私は因果応報、善行に全面的に頼っている。私のためだけではなく、すべての人のためである。

外国人ボランティアによる批判

こうした説法は外国人ボランティアを中心に大きな反響を呼んだ。「ウイルスは私たちが善行をしようがしまいが気にしないだろう。他国がやっているコロナ対策を見習うべきだ」。Facebookページにはこのような意見が溢れた。以下はそうした投稿の一つである。

ある日、外国人ボランティアの一人に心臓発作の徴候が現れた。呼ばれた看護師は、救急医ではなくダバワ長老を呼ぶよう主張した。長老は到着すると、「この病人は熱心に瞑想しているか」とだけを尋ねた。そして長老は、「すべてうまくいくから今すぐ一緒に瞑想しよう」と安心させるように言った。他のボランティアたちは抗議し、医者に診てもらうよう主張したが、患者はセンター内の病院に運ばれただけだった。私たちには全く理解できないことだったが、外部の病院に連れて行けばコロナに感染したと診断されてしまうだろうと長老は主張した。幸い、その患者は翌日には快方に向かったが、この経験は私たち全員に衝撃を与えた。瞑想は救急医よりも重要であり、緊急事態が発生した場合でも、センターはきちんとした病院に連れて行ってくれない。だから、このセンターで病気になってはいけない。

長老は「ウイルスとの戦いを放棄し、ただひたすらに善行に励め。そうすれば私たちは安全・

安心である」という説法を繰り返す。ただしここでいう安全・安心は、ウイルスに罹患しないという意味ではないかもしれない。なぜならダバワ長老は、ウイルスによって死ぬ可能性をも受け入れるように助言しているからである。

ウイルスがミャンマーに出現したとき、私はセンターの人々に、ウイルスに感染することを受け入れるように教えた。心の問題を解決するためには、ウイルスに感染することを受け入れなければならない。ウイルスのせいで死ぬことを受け入れなければならない。執着しないこと、心配しないこと、怖がらないことを心に留めておくのだ。そうすれば、何が起こっても受け入れることができる。死を恐れることもなくなるだろう。

ウイルスが原因であれ、ほかの原因であれ、私たちはみな、遅かれ早かれ死ぬ。これは自然の法則である。結局のところ、ダバワ長老はウイルス対策についての話をしているようで、長老の言う真理について、ウイルスを題材として語り直しているのである。「ウイルスは私たちの心の中にある。だから私たちは、心の中にあるウイルスを解決しなければならない」。長老が治療しようとしているのは、病人ではなく、ウイルスや死を怖がる私たちの心そのものなのだ。推測するに、心臓発作に見舞われた外国人のケースでも長老は、そのことを自然《ダバワ》（真理）として受け入れよ、そうすれば心臓発作で死ぬことも怖くなくなると伝えたかったのかもしれない。このように、長老の言葉は一貫していて力強い。一方で、それは私たち日本人にも馴染みがある西洋近代的な価値観と鋭く対立しており、その調停は容易ではないことが窺える。この隔たりをどのように克服できるかが、ダバワ瞑想センターの布教の課題であると言えるだろう。

三 「非管理」という経営方針

「私が知りたかったのは、日本の人々の性格だ」

二〇一八年八月、タンリン町のダバワ瞑想センター本部に滞在していた私は、ある日の午後、車で二時間ほど離れた支部を見に行くことになった。管理委員会のメンバーが、私の研究のためにということで、特別に車と運転手を手配してくれたのだった。車に乗ると、先客がいた。車中で私は、研究者であること、京都で出家者(松波龍源師)と一緒にお寺(寳幢寺)を運営していることなどを話した。するとその男性は、日本にダバワ瞑想センターの支部をつくりたいのだが協力してくれないかと尋ねてきた。私は何ができるのかわからなかったが、いいですよと答えた。次の瞬間、男性は長老に電話し、翌月、長老が日本に来ることが決まった。男性は途中で下車してしまったので、今でも誰だったのかよくわからない。とにかくそのスピードに驚いた。

京都の商店街を歩くダバワ長老（中央）。右は第三章に登場する龍源師（2019年）

九月末、ダバワ長老は従者の浄人（長老の実弟）と二人で本当に日本へやってきた。アメリカ・カリフォルニア州で支部設立の準備をした後、台湾支部を訪問。そこに数日間滞在した後、成田へ飛び、そのまま夜行バスで京都・寶幢寺へ。その日のうちに東京に戻り、翌日は朝から日本支部の拠点となる物件を探し、その次の日に東京で説法会をやってミャンマーへ戻るという信じがたいスケジュールだった。従者に聞くと、長老はいつもこのような日程で動いているらしい。

京都では、寶幢寺をダバワ瞑想センターの支部にできるかを相談した。寶幢寺は当時、数カ月後には資金が枯渇するという危機的な状況だった。国内に百以上、海外に約二十の支部を有するダバワ瞑想センターの支部となることで、経済的な支援を受けられないかという期待もあった。しかしダバワ瞑想センターは潤沢な資金を持っているわけではなかった。プロジェクト毎に布施を募り、集まった布施の分だけそのプロジェクトを進めていくという、ミャンマーの寺院に一般的なスタイルをとっていた。

支部の設立においても、本部に頼らず自力で布施を集められるかが重要な判断材料となっていた。海外のミャンマー寺院と同じく、ダバワ瞑想センターの海外支部の多くは、現地のミャンマー人コミュニティに支えられている。しかし関西圏には十分な規模のミャンマー人コミュニティはなかった。さらに、大乗仏教寺院である寶幢寺はミャンマー人が期待するような寺院ではなかった。

寶幢寺でひとしきり相談した後、ダバワ長老は「京都にある有名な寺院と繁華街に行きたい」と希望した。そこで私たちは真言宗総本山の立体曼荼羅《まんだら》で有名な東寺と、観光客や修学旅行生御用達の新京極商店街を案内した。私は「長老は京都観光したいのかな」などと安易に考えていたが、そうではなかった。商店街の最後にさしかかったとき、私が「何か興味深いものはありましたか」と聞くと、長老はこう言った。

私が知りたかったのは、日本の人々の性格だ。仏像がどのように祀《まつ》られているか。どのような商品が好まれているのか。町を歩いている人たちはどのような服装で、どのような表情をしているか。日本の状況はミャンマーとは大きく異なる。ミャンマーと同じやり方では日本人への布教は難しいだろう。

長老は日本人に対してどのように布教できるかという視点から寺院や町を観察していたのだった。そして日本人への布教はすぐには難しいという結論に至った。であるならば、やはり在日ミャンマー人の存在が鍵になる。そこで翌日はミャンマー人の多い東京で物件を探すことになった。

「布教事業が進めばそれでいい」

ダバワ長老の訪日に際して、宿・交通手段・食事などすべてを手配してくれたのは在日ミャンマー人のチョーさんである。チョーさんはミャンマー各地の寺院で莫大な布施をしており、ダバワ瞑想センター本部でも有名だった。ここ数年はダバワ長老を強烈に信奉しており（ダバワ長老のことを日本語で「神さま」と表現していた）、日本支部設立はチョーさんにとっても悲願だった。しかし熱烈なラブコールにもかかわらず、なかなか長老が日本へ来ようとしなかったのには何か理由があるようだった。

東京での物件探しの途中、その一端を垣間見るような事件が起きた。昼食をとることにした私たちは、高田馬場のファストフード店に入った（ダバワ長老はチョーさんが用意した菜食スープを召し上がった）。ダバワ長老は日本支部の運営に、イタリア人のティラシンに加わってもらうべく、連絡をとろうとしていた。そのティラシンはイタリアに支部をつくっている最中で、その経験を買ってのことだったのだろう。しかしチョーさんはこれに激昂した。チョーさん曰く、そのイタリア人はミャンマー人を見下していて、すべてを自分勝手に管理しようとするという。

「彼女を日本支部のメンバーに入れるなら私は手伝わない！　今晩の長老の宿泊場所も手配しな

い！」。そう言って圧力をかけるチョーさんに対して、長老は「そうですか。では手伝わなくていいですよ。夜はどこかお寺に泊めてもらいます」と全く意に介さずに連絡をとり続けていた。

「チョーさん、大丈夫ですかね」と心配する私に長老はこう言った。

センターにはいろいろな人がやってくる。センターのためを思って、いろいろな手伝いをしてくれる。しかし人間だから、病気になったり喧嘩したりして続かなくなることもある。それでいいのだ。人が代わっても、布教という事業が進むのであれば、それでいい。

結局、チョーさんが折れることとなった。外国人が宗教活動をするための物件というのは普通のやり方では見つからず、最終的にはチョーさんの伝手で、池袋にあるアパートの、家賃六万円と四万円の二部屋を借りることになった。数億円規模のプロジェクトを次々と実施していることを考えると拍子抜けするような着地点であったが、場所と管理人を確保して、「小さくていいので、できることから始める」というのが支部運営の方針のようだった。翌日は東京で即席の説法会を行い、東京に住むミャンマー人たちに支援を呼びかけた。

帰国直前、長老は百円ショップで文房具やおもちゃを文字どおり「爆買い」していた。センターの子供たちへのお土産（学校の成績優秀者へのご褒美）とのことだった。食事は一日一食、菜食スープのみ。夜も横になって眠らないという。移動中も常にスマホで世界中の関係者たちとやり取りし、様々な助言や依頼を行っていた。冗談を言うことも、愚痴をこぼすこともない。およそ人間的な感情が読み取れない。

長老は「雨安居期間中（おおよそ七月から十月頃）は外出を控えるべし」という律の規定を全く意に介さず、国内外を移動し続けているので、他の出家者から批判されることも多い。しかし私はミャンマーで何百人もの出家者と出会ってきたが、ダバワ長老ほどすべての労力や時間を他者のために費やしている出家者を見たことがない。それほどまでに長老の無私・無欲ぶりは際立っていた。「長老は阿羅漢（悟った人）である」という噂をよく耳にしていたが、本当にそうかもしれないと感じさせるような人物であった（ちなみに出家者はたとえ悟ったとしても、それを公言することを律によって禁じられている）。

設立された日本支部とその後

日本支部はチョーさんが管理しつつ、ダバワ瞑想センターに滞在経験のある日本人のナンダ比丘（当時四十歳くらい）が常駐することになった。二十代からバックパッカーで世界を回り、南米でドラッグを経験したところ、世界観が変わってしまったという。三十歳を過ぎてから瞑想を始め、二〇一八年三月にダバワ瞑想センターで出家し、四カ月ほど滞在した。しかしお金を盗まれる、他の出家者から嫌がらせを受けるなどで、落ち着いて瞑想できないので、雨安居入りの夕イミングで別の瞑想センターに移っていた。今回、ダバワ長老から日本支部運営についての要請があり、「自分に手伝えることがあれば」ということで帰国した。彼は次のように言う。

瞑想している中で、人間の惨めさを痛感しました。右往左往して、何も残さずに死んでいくだけじゃないですか。でもその意味のない人生を、意味のあるものに変えていけるのが仏教だと思います。私はとりあえず日本に帰ってもやりたいことがないので、ダバワ瞑想センターの手伝いができればいいなと思っています。でも私はたくさんの条件の中の一つにすぎないので、状況を「変えられる」とは思っていません。なるようになるというか。それが「ダバワ（自然）」ですから。

ダバワ瞑想センターの活動を日本で行うことには法的な壁が大きく立ちはだかった。社会と関係を構築するための重要な手段である托鉢は、日本では特別な許可が必要で自由にはできない。病人や老人を勝手に受け入れることも難しい。何かあった場合、責任問題に発展してしまうからである。とはいえ、できるところから始めようと、チョーさんをはじめ在日ミャンマー人の方々がアパートの改装に尽力してくれた。アメリカ在住の日本人のティラシンは、ダバワ瞑想センターに関する日本語サイトを作成してくれた。

しかしその後ほどなくしてチョーさんとナンダ比丘は喧嘩し、ナンダ比丘はセンターを去った。

現在、日本支部はダバワ長老という「神さま」を祀る場所になっている。「それでいい。少しずつでも布教事業が進むならば」。長老はきっとそう言うだろう。

「非管理」という経営方針

日本支部設立の経緯を間近で見させてもらったことは、ダバワ瞑想センターという組織のありを理解する上で重要な手がかりとなった。いかなる組織であれ、活動するためには様々な利害関係者——企業であれば株主・投資家、顧客・消費者、従業員、取引業者、競争企業、政府・行政機関など——とかかわり合いながら、ヒト・モノ・カネといった資源を獲得・管理・利用するための仕組み（そのための意思決定の仕組みも含む）を必要とする。

これに沿って述べるならば、ダバワ瞑想センターの経営はヒトを管理するという要素が乏しい。少なくともダバワ長老は、センターにかかわる人たちを管理しようとしていない。善行とは自発的な意思にもとづくものである。したがってセンターにおいては誰もが思うままに善行をやる、あるいはやらないことができる点が重視される。長老は言う。

社会では、やりたくないのにやらされることがある。このセンターでは、やりたいことをやらせる。なにをやりたいか、なにが得意かは、やりながらわかるだろう。こうしてセンターは発展していく。

何事もやってみなければわからない。やってみたら気が変わるのも人間である。その一方で、他者を管理したくなるのもまた人間の特徴である。したがって長老自身は管理しないが、センターの人々が必要に応じて他者を管理しようとするのを禁止することはない。「管理しない」という方針の結果、管理する自由もまた、認められている。

もし私が誰かを管理したら、私たちは二人とも自由ではなくなってしまう。私は誰かを管理しない。だからこそ私は自由であり、私とかかわる人々もまた自由なのである。ただし、私は管理しようとする習慣を拒否しているわけではない。センターにいる人々のほとんどは、管理する習慣がある。だからこのセンターでは、手放す力、つまり管理しない力と、管理する力という両方の力を使っている。

管理委員会と迷宮的な組織

このように「善行」概念は、「全体としては管理しないが、個々に管理することは禁止しない」という管理方針として結実している。それではこのような方針は、どのような組織をもたらしているのだろうか。
まず、国内外の支部を含めた組織全体の頂点にいるのは長老である。長老はセンターおよび支部でどのような事業を行うか、予算をどのように使うのかについて、最終的な意思決定を行う。二〇一八年当時、本部には九つ、また支部毎にSNSグループがあり、長老は常に様々な判断を仰がれていた。意思決定の方法について、長老は次のように述べている。

決断するときは、リーダーとしてではなく、瞑想者として決断する。瞑想者として、私は社会人にはできないような決断をたくさんしてきた。決断するときは頭脳や思考に頼らない。本や読書に頼らない。ただ善行をすることによって引き起こされる決断をしているだけである。ただし十分な情報がなければ決断しない。早くする必要も、遅くする必要もない。

次に、センター全体の管理業務を担っているのは、十人の在家者からなる「寺院管理委員会(ゴーパカ・アプエ)」である。これは第一章のタータナ寺院と同様である。センターの管理委員会では、センターに元々の土地を布施した退役軍人夫妻が長らく幹部を務めていた。夫の方は出家して長老に次ぐナンバー2の出家者として、妻も管理委員会のトップとして二〇二四年に死去するまで、長らくセンターの中枢を担った(二一〇頁写真)。とはいえ、管理委員会の実態は事務局のようなもので、その業務はセンター全体を管理統制することではなく、センターの諸事業を実行するため、あるいはセンター内部の諸問題を解決するための連絡・調整作業が中心である。

管理委員会の下には、センター全体に関わる業務を担う複数の部局がある。具体的には会計部（布施の管理）、登録部（センターへの人の出入りの管理）、保健部（医療行為全般）、車両部（托鉢補助、患者や遺体の搬送など）、エンジニア部（センター内のインフラ整備）、台所部（センター内の食事の準備など）である。それぞれに責任者がおり、管理委員会メンバーと定期的に会議を行っている。彼／彼女らは月五千円程度の給料をもらっていたが、これはミャンマーの平均月収と比べても大幅に少ない。また後述するようにこれは「お菓子代」や「車代」などと呼ばれ、「給料」とは呼ばれない。

以上が、センターのいわば「本部」にあたる組織であり、センター設立当初から存在している。一方、センターに大量のヒト・モノ・カネが集積するに伴い、様々な下位組織が自生的に現れている。その実態は混沌としており、二〇一六年に管理委員会が全体把握を試みたが失敗に終わったという。つまり管理委員会ですらセンターの組織構造の詳細を説明できない状況である。しかし大まかな見取り図のみを示すならば、以下のように整理できる。

第一に、出家者、ティラシン、外国人はそれぞれ自律的な組織をもっている。主な業務は登録管理、居住場所の割り当て、ボランティア活動の調整などである。

第二に、建物毎の組織がある。たとえばセンターには二〇一六年および二〇一八年に合計二百人を収容可能な病院二棟が完成した。それぞれ自前の管理委員会をもっており、入院患者に対する朝昼晩の食事の準備、看護師の手配などを担っている。建物内には自前の布施受付カウンターもあり、本部ではなく病院に直接布施することも可能となっている。その他、センターには大小百以上の寮がある。これらはセンターが直接建てたものもあれば、センターから土地を借りた人々が建てたものもある。それぞれの寮に、本部と連絡をとるための寮長がいることになっている。ただし後述するように不法占拠も多く、この原則は徹底されていない。

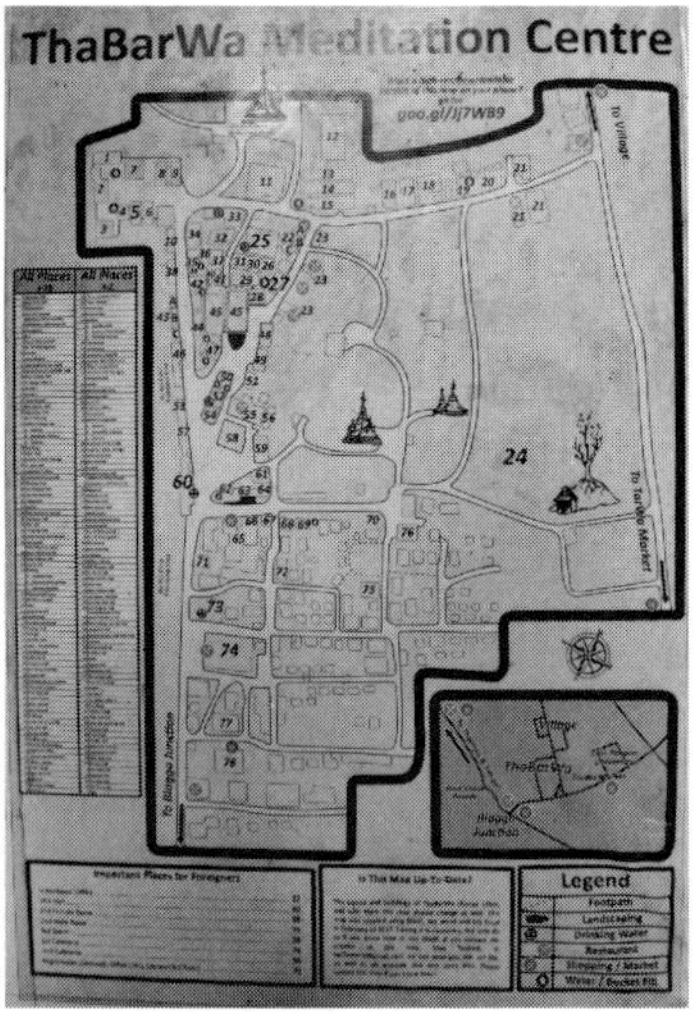

ダバワ瞑想センター本部の地図（2018年）

第三に、托鉢グループがある。先述したように、センターでは毎日、十ほどのグループがヤンゴン各地へ托鉢に出ている。私が参加していた托鉢グループは、出家者寮の一階を事務所兼倉庫として持っており、ティラシンの姉妹が管理者となっていた。少数民族（主にパオ族）の子供たちを受け入れて、托鉢の準備や布施として受けたモノ・カネの管理を行っていた。托鉢に出る人員はそれぞれの伝手で確保するが、このグループは外国人寮の隣にあったため外国人の参加が多かった。托鉢で、私が銀色の容器で集めたようにして得られたお金は本部へと送る。食事はグループの出家者や隣接する寮の外国人に提供されるほか、センター内外から来る人々に分け与えられる。

第四に、様々なプロジェクトがある。センターでは善行が奨励されているが、何をどのようにやるかは自由である。善行をしたいという意思があれば、自分の興味や能力に応じて、誰でも新たなプロジェクトを立ち上げることができる。センターでは二〇一四年以降、様々なプロジェクトが現れている。例を挙げると、パゴダ修復、ゴミ処理、動物保護、リサイクル、排水システム改善、巡礼ツアー、音楽や芸術イベントなどである。国内外の支部設立もまた、そうしたプロジェクトの一種とみなすことができる。何よりも善行をするという意思が重要であり、それをどのような形で実現するかは当人たちの自由意志に委ねられている。またその土地毎の法律やルールにも依存する。そのときの状況に合わせてできる限りのことをやることが奨励されている。

「非管理」が招く問題と新センター構想

このようにセンターの発展と共に、多様なグループやプロジェクトが自生的に現れ、センターの諸活動を担っている。センターには様々な動機をもった多様かつ自律的な個人やグループが集まり、それがセンター内外における協働を通じて潜在的な力を開花させ、多様な布教／福祉活動を推進していく。「非管理」というセンターの方針を積極的に評価できる点はここにあると言えよう。

その一方でこうした「非管理」という方針は、様々な問題をもたらしてもいる。第一に、「フリーライダー」問題がある。フリーライダーとは、組織目的の達成のために十分な貢献をせず他のメンバーの貢献にただ乗りするような人々を指し、個人の自由意志によって加入や退出が可能な「アソシエーション型」の組織につきものである。センターには単に無料の衣食住薬を得るために滞在しているとしか思えないフリーライダーが多くいる。それどころか犯罪被害(窃盗など)も多発している。通常、こうしたフリーライダーや犯罪者は、組織のパフォーマンスを悪化させるため排除する必要がある。しかしセンターでは「善行」概念および「非管理」の原則に則り放置されているため、事件や事故が絶えない。

またセンターでは土地の不法占拠も著しい。センターや隣接する「慈善村」では長老の許可を得て、土地を借りることができる。しかしいつの間にか個人所有物のようになり、転売や又貸しなども生じている。またこれらの住居は過密で衛生状態も悪い。さらに動物保護の名目で犬や牛もセンター内で野放しにされており、その多くは病気をもっている。布施を保管している食料庫を襲う犬や牛と、人間との争いは日常化している。その結果、センターは落ち着いて瞑想できるような場所ではなくなっている。このように「非管理」という方針は、センターの発展を促すものであると同時に、それを阻害する要因ともなっている。

こうした問題に対処するために、現在センターでは、長老の発案で新センター設立プロジェクトが進行中である。これはセンターに隣接する九エーカーの土地を二十億チャット(二〇一八年時点で約二億円)で買い取り、そこに新しいダバワ瞑想センターをつくるというものである。今後、国際的な基準に適う病院、十二階建ての居住用ビル二棟、教育センター、ショッピングモール、グリーンハウスなどが整備される予定となっている。そして新センターでは秩序を好む人々、落ち着いた雰囲気の中で瞑想したい人々のために、部屋の所有などについての諸規程を設けるという。そして現センターと新センターがセットになることによって、センターはより一層の発展を遂げられるとされる。長老は言う。

今、私たちは既に新センターのための土地を手に入れた。これは私にとって大きなプロジェクトであり、その構想は既に頭の中にある。だからこそ、私たちが今も昔も未来も何をしても、どんな善行をしても、それが新しいセンターをつくることになるのである。私たちはこのセンターの弱点を知っている。このセンターを清潔で規律のあるセンターに変えるのは難しい。だから、このセンターは骨董品のように、ロンドンの古い建物のように維持していく。それと並行して、最新の技術・システムを利用して、新センターを設立する。そこには多くの困難があるだろうが、私たちはそれに執着する必要はない。私たちは執着から離れることができるから、一緒に善行を続けることができる。私たちはお金も権力もないが、善行で育まれた安定した純粋な心の力を使っている。だからこのプロジェクトを成功させることができる。新センターは、新しいミャンマー、新しい世界、新しい瞑想センター、新しい社会福祉センターにとっても必要なものとなるだろう。

仏教的な経営技術

このようにヒトの管理については独特な特徴をもっているが、モノ・カネの獲得・管理・利用方法については、ミャンマーの他の寺院や「協会（アティン／アプエ）」と呼ばれる組織と共通した技術を有している。

まず獲得方法について言えば、建物には布施受付カウンターがあり（振り込みではなく対面の布施が主流である）、布施希望者にはどこに布施ができるかという項目リスト（食事を布施するためにはいくら必要など）が提示される。そして少額であっても領収書が発行され、一定額以上の布施に対しては表彰状のような「布施証明書（ゴウンピュー・フマッタン）」が発行される。これは後で見返して布施をした「喜び（ピティ）」を思い出すためのものであるとされる。また食事や建物の布施者の名前は掲示板などに書かれ、周知される。これは読んだ人と布施の喜びを分かち合うためとされる。

また布施が不足していたり、多額の布施が必要になったりする場合（各種の儀礼・イベントの開催や、建物の新築・補修など）には、在家者たち（寺院であれば寺男・寺女や支援者たち、仏教協会であれば協会メンバーたち）が「勧進人（ネイッバンソー）」となって、布施集めに奔走する。その方法は、①新聞・雑誌・看板などでの告知、②月割り方式や貯金箱方式での布施集め、③「バデーダー樹（バデーターピン）」と呼ばれる基金の運用など多岐にわたる。

第一に、新聞などでの告知は、功徳を積む機会を提供するという姿勢で行われる。たとえば食堂を新築するための新聞広告であれば、「A長老のA寺院で、現在、食堂として用いるための建物を建築中です。そのために布施することができます」という形式で提示される。第二に、月割り方式とは、希望者に年間でどれくらいの布施をしたいかを尋ね、それを月割りで毎月少しずつ布施していくという方法、貯金箱方式は、あらかじめ寺院が布施用の貯金箱を配り、一定期間後にそれを回収しに来るという方法である。どちらも、布施をしたいが、あいにく手持ちが少ないという在家者に配慮した仕組みとなっている。第三に、バデーダー樹基金とは、ミャンマーの説話においていわゆる「カネのなる木」のことを指すバデーダー樹に由来する基金で、元金をそのまま残して、利子だけを利用する（利率は二〇〇七年時点で一〇％程度であった）という特徴がある。つまりバデーダー樹基金に布施をすれば、「永遠に布施をし続けることができる」という触込みで、二〇〇〇年代以降、都市部を中心にこの制度を導入するところが増えてきている。

ダバワ瞑想センターの布施証明書。布施者の名前、布施金額、布施の希望用途が書かれている（2019年）

次に管理・使用方法についていえば、

ミャンマーには「ブッダのモノは地獄の火」「出家者のモノは毒の果実」という諺《ことわざ》があるように、三宝に布施されたモノやカネを不正に利用することは地獄行きの大罪であるとされ、布施の管理は通常のお金以上の慎重さをもって取り扱われる。また、布施は布施者の意思が重要であるため、布施されたモノやカネを組織の経費として用いることは忌避される。さらに組織で働くこと自体も労力提供という布施の一種であると考えられており、無給であることが強調される。実際にはボランティアの一部は、「車代」や「お菓子代」といった名目でお金を受けることがあるが、それらは決して「給料」とは呼ばれない。

「真の福祉」と「ビジネス福祉」

以上、ダバワ瞑想センターにおけるヒト・モノ・カネの獲得・管理・利用方法についてみてきた。ダバワ瞑想センターは、社会学的な分析としては「NGO」や「NPO」、もしくは他の類似する諸概念——第三セクター組織（TSO）、任意組織（VO）、市民社会組織（CSO）、草の根組織（GO：Grassroots Organization）、社会運動組織（SMO）など——の一種として捉えることができる。しかしミャンマー国内ではダバワ瞑想センターは決してNGOとは呼ばれない。なぜならミャンマーで活動する国際・国内NGOとは運営方法が大きく異なるからである。

ミャンマーで活動している国際・国内NGOは、西洋近代的な諸規範——人権、合理性・効率性、透明性・説明責任など――を踏まえた専門的・官僚的な仕組みを発達させている。その特徴はたとえば、プロジェクトや報告書を作成する方法、監査への対応方法、その他、独特な会計慣行や起業家的戦略などに見られ、西洋近代的規範に則ることによって資源を獲得・管理・利用している。それに対しダバワ瞑想センターが依拠しているのは、「布施（ダーナ）」や「福祉（パラヒタ）」といった仏教的規範であり、それゆえに組織の官僚化や監査の厳格化といった動向からも相対的に自由である。

また現地の用法では、仏教徒組織は「真の福祉（パラヒタ・アスィッ）」を行っているのに対し、国際・国内NGOは「ビジネス福祉」を行っているなどと言われたりする。以下に紹介するのは、ある国際NGOで勤務経験のあるミャンマー人男性の手記であるが、彼に馴染みのある仏教徒組織の運営方法からするとNGOがいかに異質であるかがわかるだろう。

あるとき、ヤンゴンに拠点を置くフランスのNGOから「月百四十万チャット（引用者注：二〇一七年当時約十四万円）で車を貸して欲しい」と頼まれたので貸した。運転も月四十万チャットで頼まれた。NGOのスタッフの出張に同行すると食事も出るし、いいホテルにも泊まれた。お金がもらえるからうれしかった。天国に来たのかと思った。後で知ったが、このNGOは事務員に五十万チャット、上級職に七十万チャット、管理職に百万チャット、フランス人のマネージャーは三百万チャットと一軒家の賃貸料が支払われていた。彼らは交通手段や携帯電話も支給されている。出張は視察のようなもので、被災地に行ってインタビューと写真撮影をするだけ。その他はオフィスでゆったりとコンピューターを使って、悲惨な写真をいろいろなサイトに載せて、布施を集めている。毎年百万ドル、二百万ドルが集まっている。それを被災地に布施するが、全部合わせても十万ドルくらいしか布施していない。一般の人は、NGOが布施の大半を経費として消費していることを知らない。NGOのやり方は、ミャンマーの諺にある「かわいそうな猿を見せて、米を要求する」ようなものだ（Myanmar News 24、二〇一七年八月二十八日号）。

もちろんこれは極端な例だろう。ミャンマーの仏教徒組織も世界的なNGO化・官僚制化と無縁ではない。つまり実際には仏教徒組織が国際・国内NGOに似た組織形態を採用し始めている。そしてこの流れは二〇一一年以降の民主化の展開において加速した。ダバワ長老は、こうした世俗的（西洋近代的）な価値観の浸透に危機感をもったのかもしれない。二〇二一年以降の政治的混乱の中で、ダバワ長老は世俗的価値観に対する超俗的価値観の優位性を強調し始めた。その結果、ダバワ長老は仏教ナショナリストと評価されるようになる。

仏教ナショナリズムの系譜

仏教ナショナリズムとは、国内外の脅威に対して仏教および仏教徒を守護しようとする活動であり、ミャンマーにおいては出家者が重要な牽引役となってきた。その端緒はイギリス植民地期にみられる。たとえばインドのマハトマ・ガンジーの影響を受け、反英闘争を指導したオッタマ長老（一八七九―一九三九）や、百六十三日間に及ぶハンストの末に獄中死したウィザラ長老（一八八八―一九二九）の活動が有名である。こうした活動が契機となって反英ナショナリズム運動が勃興し、一九四八年の独立へとつながっていく。

独立後に成立したウ・ヌ政権期においては、一部の出家者たちは仏教国教化などを求める圧力団体として、国政に強い影響力を行使した。そのためウ・ヌ政権は、非仏教徒を含む国民国家建設という課題に対処できなくなり、結果として一九六二年の国軍によるクーデターを招くこととなった。以降、国軍は出家者を管理し、その政治的影響力を封じ込めることに腐心してきた。一九八〇年に成立した中央集権的な国家サンガ組織は、その一つの成果である。

一方、二〇一一年に民政移管が実現し、民主化の流れが加速する中で、出家者の仏教ナショナリズムは反ムスリム運動として新たな展開をみせるようになった。たとえばその中心人物の一人であるウィラトゥ長老は、説法によってムスリム商店での不買運動（九六九運動）を呼びかけたり、仏教徒とムスリムの結婚を制限する法案の制定を求めたりするなど、積極的に宗教対立を

ヤンゴンの大教学寺院、インセイン・ユワマ教学寺院(2006年)

煽《あお》った。そして特に後者の目的を実現しようとする動きは、「民族・宗教保護協会(通称マバタ)」の設立へと連なっている。

二〇一三年六月に設立されたマバタの最大の目的は、単に民衆を扇動することではなく、仏教徒および仏教を保護する法案(民族・宗教保護法案)を作成し、それを政府に可決してもらうことにあった。この発想は元々、ウィラトゥ長老やほかの若い出家者たちから出てきたものだったが、この目的を実現するために、より有力な長老たちに助けを求めた。それに応えたのがヤンゴンにある大教学寺院、インセイン・ユワマ寺院の住職であるユワマ長老である。さらに、著名な説法僧であるティータグー長老や、国家サンガ組織の幹部僧など、ミャンマー・サンガの中枢を担う高僧たちがマバタに参加することになった。

民族・宗教保護法案の可決を主導したのは、テイン・セイン大統領率いる、軍事政権の流れを汲む与党の「連邦団結発展党(USDP)」であり、アウンサンスーチー率いる最大野党の「国民民主連盟(NLD)」は、非仏教徒を含む普遍的な人権保護の立場から反対票を投じた。これを契機として、それまで政党政治に関しては中立的な立場を宣言していたマバタは、親USDP・反NLDの立場を強めていく。

そして二〇一五年十一月に行われた総選挙に際し、マバタの有力僧たちは、「ムスリムに優しすぎる」からという理由でNLDに投票しないよう人々に呼びかけた。USDPもまた、民族・宗教保護法の可決を選挙戦において活用すべく、選挙ポスターで大々的に喧伝した。仏教を守りたいマバタと、選挙でNLDに勝ちたいUSDPの利害が一致したと言える。しかし総選挙は結局、NLDの圧勝に終わった。マバタは仏教徒から広汎な支持を集めていたが、国民の軍嫌い、あるいはNLDへの期待がそれを上回ったと考えられる。そして二〇一六年三月にNLD政権が誕生すると、マバタを取り巻く状況は一変する。特に同年七月に、おそらくはNLD政権の強い働きかけのもとで、国家サンガ組織が「マバタはサンガの基本規則にもとづいて結成された公式の仏教組織ではない」という声明を発表したことで、マバタの正統性は大きく揺らぐことになった。そして二〇二〇年十一月の総選挙でもNLD政権が圧勝したことで、仏教ナショナリズムの動きがさらに抑え込まれると思われた中で起きたのが、国軍によるクーデターであった。

「NLDは政治から身を引け」

二〇二一年二月、総司令官ミンアウンフライン率いる国軍はクーデターによって政権を掌握し、二〇二〇年十一月の総選挙で大勝したアウンサンスーチー率いるNLDを追放した。これに反発する民衆は、都市部／農村部、ビルマ族地域／少数民族地域を問わず、デモ活動や市民的不服従運動、あるいは対抗的暴力といった抵抗をみせている（総称して「春の革命」と呼ばれている）が、国軍による圧倒的暴力の前に二〇二五年一月現在も先が見えない状況が続いている。

こうした中で突如、ダバワ長老は親国軍・反民主主義と捉えられるような言動をとるようになる。各種の報道によれば、二〇二三年六月八日、ダバワ長老はNLD最高顧問のティン・ウーと面会し、刑務所に収監中のアウンサンスーチーに「あなたが政界から身を引けば、ミャンマーに平和がもたらされる」と伝えるように助言したとされる。これによってダバワ長老は一瞬にして社会的評価を失った。

二〇二三年七月、ダバワ長老がセンターのサンフランシスコ支部を訪れた際には、在米ミャンマー人グループが反対デモを行った。看板にはこう書かれていた。「独裁者ミンアウンフライン支持者の出家者は出ていけ！　人殺しミンアウンフラインの右腕の出家者よ、国民を殺すのをやめろ！　子供たちを殺すのをやめろ！　出ていけ！　犯罪者の偽坊主！」

デモ参加者の怒りをどう理解しているかと尋ねられ、ダバワ長老はこう答えた。「彼らは西洋の価値観で見ている。欧米や先進国では、政府も国民も人権を重視する。誰もが平等だ。しかしアジアでは違う」。デモ参加者の一人と電話で話した際、ダバワ長老はミャンマー国民のことを気にかけているのかと尋ねられ、こう述べた。「もちろんんだ。ミンアウンフラインも国民の一人だ」。

二〇二三年八月、ダバワ長老の真意を確かめるべく、チェコ共和国出身のサラナ比丘がダバワ長老との公開問答に踏み切る。サラナ比丘は、多くのミャンマー人はダバワ長老を国軍側と認識して批判していること、ダバワ長老の発言のせいで出家者全体の評判が下がり、出家者の間にも軍側／民主派側の分裂が起きていること、さらには国軍による様々な蛮行についてダバワ長老に説明した。しかしそのほとんどについてダバワ長老は「知らなかった」と答えるだけだった。

印象的だったのは、サラナ比丘が国軍をガンに、民主化への努力を薬にたとえた問答である。これに対してダバワ長老は、「薬を使わなくても健康を手に入れることができるし、逆に薬が害をもたらす場合もある」と答えた。これはおそらく、ダバワ長老が民主的な制度に対して抱いている深い疑念の表れである。民主的な制度が仏法（真理）に対する脅威であり、民主化という「薬」は、仏法を損なう可能性があると示唆している。

危機を解決する手段として、仏法にのみ頼ろうとするダバワ長老の姿勢は終始一貫している。これに対してサラナ比丘は、医療が危険を伴う可能性がある場合でも、現実的な手段で病気に対処することが不可欠であることを強調した。さらにサラナ比丘は、身体の免疫システムが脅威に対抗するために抗体を生成するように、ミャンマーでは軍の破壊力に対抗するための暴力が自然に出現していると述べた。

ダバワ長老は国軍幹部とも直接対話し、残虐行為の撲滅を訴えていると主張したが、それが奏効していないのは明らかである。公開討論は、ダバワ長老が自身の言動が多くの人たちを悩ませていることを認め、それがなぜなのかわからず困惑していると表明して終了した。

ダバワ長老の布教戦略の限界？

ダバワ瞑想センターは歴代の国軍幹部やその親族たち（ミンアウンフラインとその息子、タン・シュエの孫、ネ・ウィンの姪など）、国軍系企業から支援を受けている。またそもそもタンリン町にある本部の土地を布施したのも退役軍人だった。こうした背景から、ダバワ長老は大スポンサーである国軍に逆らえず、国軍に都合のよいことを吹聴する宣伝役になっているのではないかという意見もある。しかしもちろん民主派側の支持者も多い。センターの経営という側面だけを考えれば、民主派を敵に回すような今回の言動は決して合理的な判断とは言えない。少なくとも私の知る限り、長老はそのような忖度で動くような人物ではない。

出家者が積極的に社会にかかわること、特に政治的活動にかかわることには、原理的なジレンマが存在している。ミャンマーの上座部仏教世界には、出家／在家、あるいは超俗／世俗（ロウコッタラ／ローキー）という区別が存在する。出家者は、律というルールに則った生活を送る、仏教教義に詳しい、出家修行できるという高い徳（波羅蜜《はらみつ》）を持っているといった点で、通常の人間とは異なる存在であるとみなされており、それが在家者からの尊敬・信頼を受けるための重要な根拠となっている。

この仕組みに依拠しているのが第一章でみたタータナ寺院であると言える。人々を「超俗的な幸せ」に導くために、出家者は「出家」という生き方を貫き、社会と積極的にかかわらない。逆に「世俗的な幸せ」を提供するために社会とかかわると、出家・在家の両方を損なうことになる。こうした仕組みを支えているのが律というルールであった。

それに対してダバワ瞑想センターにおいては、「世俗的な幸せ」と「超俗的な幸せ」は矛盾するものとして捉えられていない。本章でみてきたように、ダバワ瞑想センターは「福祉（パラヒタ）」で有名である。それは一義的には「社会的弱者に衣食住薬や教育などを提供すること」と定義できるし、実際にセンターはそのような活動に大々的に従事している。その一方で、センターの主目的はこのような狭義の福祉ではなく布教、つまり人々を善行へと誘うことによって真理に気づかせることにある。私たちは自分の能力・関心に応じて、互いに貢献し合うことができる。長老を絶対的な模範としながら、互いに切磋琢磨することができる。このような善行は直接的には「世俗的な幸せ」への貢献となるが、同時に、心を手放すという究極的な布施を実現するための重要な基盤となる。

ダバワ長老の政治への関与も、同様の文脈で理解できるのかもしれない。ダバワ長老にとっては、センターであろうが、社会であろうが、国家であろうが、国際関係であろうが、人間の集団である以上、仏法（真理）にもとづいて運営する限り、「世俗的な幸せ」はもちろん、「超俗的な幸せ」に向かわせることができる。逆にどのような理由であれ、他者を傷つけるのであれば、自分もまた傷つくことになるだろう。民主派の人々には全く納得できないことかもしれないが、長老にとって重要なのは、支配の正統性が国軍とＮＬＤのどちらにあるかではなく、争わないこと、傷つけ合わないことなのである。そして現状を踏まえるならば、ＮＬＤが戦いの舞台から降りることが最適解となる。

二〇二二年三月、ロシアによるウクライナ侵攻を受けて、ダバワ長老はロシア、ウクライナ、アメリカ、中国の指導者に向けて声明を発表した。

権威や法律、武器に頼ることは、現在と未来の人々の生活にとって安全ではない。すべての生きとし生けるものは、過去と現在の私たちの行動から影響を受ける。布施・持戒・修習（瞑想）という武器に頼ることによってのみ、私たちは現在も未来も、悪行とその結果としての災難から自由になることができる。これが因果応報の法則である。

「善行」が仏教の枠を超えて一般化したとき、世界はどのように変わるだろうか。ダバワ瞑想センターの「実験」は続いている。

第三章
実験寺院・寶幢寺——「即身成仏」という理想

一　新寺設立の挑戦

龍源師との出会い

二〇一四年九月、私は東京で開催されたある研究会で博士論文についての研究発表を行った。博士論文のタイトルは『世俗を生きる出家者たち』（法藏館より二〇一四年十一月に出版）。本書第一章で紹介したタータナ寺院の事例を含め、ミャンマー仏教における「お金」の問題について分析したものである。研究会自体はオープンなものであったが、テーマがマニアックなので、関連分野の研究者や顔見知りしかいないものだと思っていた。しかしその予想は外れた。二十人程度の小さな会場に、見たこともない出家者がいたからである。研究会終了後、その謎の出家者が話しかけてきた。「ミャンマーの寺院を参考にして、日本で新しい寺院を設立したいと考えています。ご助言をいただけませんか？」それが松波龍源師との出会いであった。

現代日本において、ブッダの言葉はどのような意味をもちうるのか。どのような「幸せ」を創造できるか。私たちの挑戦が始まった。そして二〇一七年十月、京都の今出川に寶幢寺を設立した。とはいえ、龍源師も私も経営に関しては完全な素人だった。一般的な寺院のように檀家がいるわけでも、観光資源があるわけでもない。拠点である道場は、織物工場を改装した借家にすぎない。また、ミャンマー仏教の世界になじんだ私にとって、日本社会・日本仏教は逆に異文化だった。「ミャンマー仏教寺院の経営方法、特にタータナ寺院のやり方を踏襲すればうまくいくに違いない」という私の思惑は早々に吹き飛んだ。設立以来、大幅な赤字続きで、早くも二〇一八年半ばには資金の底が見え始めた。

ダバワ瞑想センターと提携することで経済的な支援を得られないかを探ったこともあった。前章で述べたように、二〇一八年九月、実際にセンターの最高責任者であるダバワ長老を寶幢寺に招くことができた。しかし長老はこう言った。「あなたたちにはまだ余力がある。私の助けは必要ない」。余力がないのは明らかなように思えたが、それは確かに奮起のきっかけとなった。以降、私たちは現代日本に即した新しい寺院経営の仕組みを実験的に模索していくことになる。本章はその激動の記録である。

武道を通じた悟り

龍源師は大阪外国語大学外国語学部（現：大阪大学外国語学部）でミャンマー語を専攻し、大学院の博士前期課程を修了（修士）、在学中はミャンマーの仏教儀礼の研究をしていた。高校時代にチベットやヒマラヤの神秘的な仏教に関心をもったことが仏教研究へのきっかけになったという。

また在学中はある武道系サークルに入り、主将にまでなるが、活動の中で人間関係をこじらせてしまう。さらに実家との折り合いも悪くなり、当時付き合っていた女性との関係もうまくいかなくなって、抑うつ状態になってしまう。人と会うのが怖い、大学にも行けない——そんな状況から救ってくれたのが、以前から憧れていた武道の先生だった。

全国から二百人くらい集まった特別講習会に参加したとき、組手のデモンストレーション相手として選ばれた。「私の手を掴《つか》んでみろ」。先生に言われるとおりに攻撃をかけるが、毎回全くなんの感覚も違和感もなく、投げとばされ転がされていく。「これはどういう技なんでしょうか？」思わず出た質問に、先生はつぶやくようにこう言った。

強いやつが痛めつけて勝つのは「技」じゃなくて「あたりまえ」だ。どんなに正しいことでもよいことでも、それが相手にとって痛かったり怖かったりしたら、その時点でそれは正しくもよくもないんだよ。お前に投げられたやつらは、きっと痛かったし怖かったんだよ。そういうのは全部自分に跳ね返ってくるんだ。

自分がよかれと思ってなした言動が、他者にとって痛い・怖いものであったなら、いくら理屈では正しかろうと、その結果は「怨み」となって自分に返ってくる――「善因善果・悪因悪果」「因果応報」「自分が体験するあらゆることは、自分の行いの結果」。心の中にブッダの教えが立ち上がってきたという。

その瞬間、私は目が覚めたような思いでした。「一生懸命やっているのに、なぜみんな僕を傷つけるんだ」「人間なんてもう嫌だ、もう死んでしまいたい」と被害者意識でいっぱいだったけれど、全部自分の心が作ったものだったんだ！　そう納得すると、目の前が一気に明るくなったんです。いま思えば、小さなさとりだったと思います。これまで私はたしかに仏教の研究をしていましたが、それは「儀礼」というものに対する興味で、仏陀が説いている内容そのものにはあまり関心がなく、経典とは「研究のためのデータ」にすぎないものでした。しかし、その真理に触れた瞬間、私の心に「釈迦牟尼のことば」が響いてきた感覚があったのです。仏教は、人間を、社会を救うためのものなのだという確信が生まれました。この経験から、私は「お坊さんになりたい！」と思いました。自分が体感したこの感覚を必要とする人は他にもいるはずだから、それを伝えるために、研究者でなく実践者になりたいと考えたのです。（松波龍源『ビジネスシーンを生き抜くための仏教思考』イースト・プレス、二〇二三年、一〇七頁、一部改行箇所を修正。以下、『仏教思考』）

中国で武術の教えを受けている龍源師（2007年）

得度から「ミャンマー仏教」へ

とはいえ一般家庭の出身で、寺院とのつながりもないので、どうやって出家者になればよいのかわからない。しかも当時は「日本の仏教はだめだ」と思い込んでいたので、出家するなら本来の仏教が実践されているミャンマーがよいと考えた。しかしいろいろな障害があって、ミャンマー行きは果たせなかった。それなら、出家を思い立つきっかけとなった武道を極めて指導者となり、心と身体の使い方を通して若い人たちに真理を伝えよう。そう決意し、中国へ武術修行に赴き、陳氏太極拳の師匠のもとで修行に打ち込む。五年間の修行の末に弟子をとってよいという許可をもらったので、自分の道場をつくろうと考えて帰国する。

奈良県南部にある大峰山脈奥地での山岳修行の様子。危険な崖を登り終えて一息ついている(2014年)

二〇一〇年のことであった。
しかし帰国後、事態は思わぬ方向へ動く。中国への出発に際して、九州の親戚が知り合いの寺院に旅の安全祈願をしてくれていたことを知り、お礼参りをするためにその寺院を訪れる。そこで住職にこれまでの経緯を説明すると、「今ここで、出家者になる儀式をしてあげよう。武術の先生をしながら、私のところに通って仏教の勉強をすればよい」とのこと。そこであまり深く考えずにその場で得度（出家）することになった。その住職が真言律宗の出家者だったので、龍源師も真言律宗に属することになる。

ところが得度してからわずか一カ月ほどで、その住職が急病で亡くなってしまう。そこで手を差し伸べてくれたのが、真言律宗総本山である西大寺《さいだいじ》清浄院《しょうじょういん》の佐伯俊源《しゅんげん》師だった。そして龍源師は西大寺の徒弟としての籍を得て、種智院《しゅちいん》大学という宗門大学で密教学の基礎を学び、四度加行《しどけぎょう》という修行を終え、伝法灌頂《でんぽうかんじょう》という儀式を受けて教師資格（阿《あ》闍梨《じゃり》位）を取得する。その後も、先輩出家者たちに声をかけてもらい勉強会や山岳修行、霊地巡礼などに参加するうちに、武術家よりも出家者としての活動が主軸となっていく。

出家者としての龍源師の目標は、自分を救ってくれた仏教を現代日本に広めることにあった。もちろん日本には既に伝統仏教の厖大な蓄積がある。しかしミャンマーと比べると、日本の伝統仏教は制度疲労を起こしていて、その役割がうまく果たされていないように感じられた。

今、日本で「仏教」「寺」といったら、みなさんが思い浮かべるのはまず二種類だと思います。一つはお葬式や法事をする役割、もう一つは、観光名所などの博物館的な役割ですね。あともう一つ挙げるとすれば、祈禱や人生相談あたりでしょうか。……でも私たちは、仏教がもっと社会インフラ的な位置づけになってほしいと考えています。……ミャンマーの仏教徒にとって、寺院は本当に大切な場となっています。コミュニティや居場所というだけでなく、そこで仏教哲学がたしかに授受され、生活に生かされているんです。それが人々の心に根差し、仏教的な考え方が社会に浸透する。仏教が仏教としての役割を果たすとは、こういうことだと思うんです。

（松波『仏教思考』二二二―二二三頁）

ではどうすればいいのか。この問題を考えていたときに見つけたのが私の研究発表についての情報だった。こうして本章冒頭の出会いの場面につながる。私もまた、ミャンマー仏教についての研究を通じて、仏教は社会や人生をよくできる可能性をもつことを深く実感していた。また単に論文を執筆するだけでなく、何か実践的な活動をしたいとも考えていた。私に何ができるのか全くわからなかったが、とにかく面白そうだ。「一緒にやりましょう!」こうして龍源師との協働が始まった。

「龍源師が律を守る出家者になればよい」

日本にある仏教寺院の数は、コンビニエンスストアよりも多いといわれている。一方で現在の日本では、体系的に仏教を学び、実践できるような機会が乏しいのもまた事実である。その要因は檀家制度にあるのではないか。そこで私たちは、ミャンマー仏教を模倣することで、檀家制度に頼らない寺院経営の仕組みを構築することを目指した。

第一章でみたように、ミャンマーにおいては出家生活のすべてが在家者からの布施によって支えられている。ではなぜミャンマーではこれほど多くの布施がもたらされているのか。それは出家者が在家者とは違う存在だからである。上座部仏教において、出家者の生活は律と呼ばれるルールによって規定されている。経済活動・生産活動をしない、結婚しない、午後に食事をとらないといったルールに則った生活を送ることが、出家者を在家者から区別する最も重要な基準となっている。だからこそ出家者は在家者に返礼をしてはならない。なぜなら返礼は、布施を交換の一形態にしてしまうからである。出家者は世俗的世界の外部に位置することによって尊敬に値する存在となるのであり、それゆえに布施する価値のある器(福田《ふくでん》)となる。したがって在家者は出家者に対して見返りを期待することなく、尊敬の気持ちをもって、功徳の多い、よい布施をすることができる。

このような見立てのもと、私たちの戦略は決まった。龍源師が律を守る出家者になればよい。そうすれば尊敬されるようになり、自然と布施も集まるだろう。現代日本に律遵守の寺院を復興させる。その意義はとても大きく、かつ、うまくいくように思われた。

日本仏教における律

日本に仏教が公的に伝来したのは五三八年といわれている。当時の出家者は官僧（国家公務員）であり、その職務は仏法によって国家を鎮《しず》め護ること（鎮護国家）にあった。ただし日本には出家者が律を受ける仕組み――律を授ける場所である戒壇や、律を授ける資格のある出家者（戒師）など――が整っていなかった。そのため日本の出家者が中国に渡っても、正式な出家者として扱われなかった。こうした状況を変えるべく中国から招請されたのが鑑真《がんじん》（六八八―七六三）である。幾多の苦難の末に来日を果たした鑑真は、七五四年に東大寺大仏殿前に戒壇をつくり、鑑真以下十人の戒師によって日本初の授戒式を実施した。これによって国際的に公認される正式な出家者が誕生することになった。その後、筑前の観世音寺《かんぜおんじ》と下野《しもつけ》の薬師寺にも戒壇が樹立され、三戒壇体制が成立した。

これに異を唱えたのが最澄（七六七―八二二）である。最澄自身、東大寺戒壇で受戒したが、東大寺で授戒される律を、自己の悟りのみを目指す小乗僧（声聞僧《しょうもん》）のルールであるとして否定し、大乗僧（菩薩僧）が護持するのは『梵網戒《ぼんもうかい》』に説かれる大乗菩薩戒であるべきと主張した。そして自身の開いた比叡山延暦寺に大乗戒壇を樹立する（公認されたのは最澄の死後）。

この大乗菩薩戒の大きな特徴は、出家者であれ、在家者であれ、菩薩であろうとする人が守るべきルールであるという点にある。それゆえにその内容は上座部仏教において在家者が守るべきとされる五戒のような道徳的規範に近いものであり、律のように生活上の細かい規範を示したものではない。また肉食の禁止など、律には存在しないルールもある。このように僧俗に通じる道徳的規範を正式な出家者のルールとしたことは日本独自の画期的なことであった（松尾剛次「〈戒〉と日本仏教」『思想の身体』所収、春秋社、二〇〇六年）。

中世においては律や菩薩戒を守らない、いわゆる破戒が蔓延した。たとえば僧兵、「真弟子《しんでし》」（出家者の子供が弟子になること）、男色文化の存在などである（松尾剛次『破戒と男色の仏教史』平凡社、二〇〇八年）。公然と妻帯し、非僧非俗の立場をとった親鸞（一一七三―一二六二）の無戒宣言も特徴的である。近世においては江戸幕府によって浄土真宗以外は肉食妻帯が厳しく取り締まられたが、明治になると「出家者の肉食・妻帯・蓄髪等勝手たるべきこと」という政府の通達（一八七二年）が出され、出家者の妻帯が一般化していく。

こうした歴史的経緯の結果として、現代日本の出家者世界においては、律では禁止されている妻帯や飲酒が極めて一般化している。さらにほとんどの宗派では、結婚が寺院の継承者を確保するための最良の方法とみなされるようになった。つまり多くの寺院は世襲による家族経営となっている。

もっとも、最澄による菩薩戒の導入以降、菩薩戒を補足しようとする努力や律への回帰を求める運動が繰り返し現れてきた。たとえば鎌倉時代に活躍した真言密教僧・叡尊《えいそん》（一二〇一―九〇）は、多くの密教僧の堕落・腐敗を目撃し、打ちひしがれる。そしてその理由を僧の破戒に見出し、戒律復興運動を牽引する。そして破戒が一般化した末法の世においては戒師はいないという認識に立ち、戒師の前で戒律護持を誓うという本来の方法ではなく、仏・菩薩の前で誓うという自誓受戒という方法を編み出した〈松尾「〈戒〉と日本仏教」〉。その後、朝廷の許可なくして独自の戒壇を樹立する。これが真言律宗の始まりである。

現代日本で律を遵守することの難しさ

龍源師が真言律宗で得度したというのは、何かのご縁に違いない。現代日本に律を再興しよう。とはいえ、現代日本においてミャンマーのような上座部律を遵守するというのは非現実的である。真言律宗宗祖・叡尊の戒律理解を研究した龍源師は、「真言律」の根本とは、上座部律や大乗菩薩戒を包含する密教の三昧耶戒《さんまやかい》であり、三昧耶戒は状況に即して現出し、また可変であるという解釈に到達した。だとしたら、私たちも現代日本において意義のある律を、模索しながらつくっていけばよい。龍源師はこの試みについて以下のように説明している（以降、特に出典の記載のないものは説法・インタビュー・私信による）。

「比丘性」を担保するものは伝統的に律ですが、日本ではそれ自体が困難であったという歴史があります。伝教大師最澄によって大乗戒として梵網戒がもたらされましたが、これは中国思想の影響を受けており、日本にそぐわないものでした。結果として、現代日本の僧たちは「守れない、守る意義もあまりない」梵網戒を比丘性の根拠とせざるをえない環境にあり、破戒せざるをえないため自己肯定感も低いという構造があります。私のアイデアは、現代日本の状況に即した、守る意義がある戒律を比丘性の根拠として設定することによって、この構造の改変を狙おうというものです。これはおそらく弘法大師空海や興正菩薩叡尊のアイデアに近いものではないかと考えています。

そこで最低限のルールとして設けられたのが、①衣服（俗服は着ない）、②食事（午後に食事しない、飲酒を避ける）、③金銭（三宝への布施として受け取った金銭は、仏法興隆のため以外には使わない）に関する諸規定だった。しかしその結果は惨憺たるものだった。まず「面倒くさい」という反応が大半であった。多くの日本人は日中、仕事や学校などで忙しいので、交流する機会は必然的に夕方以降が多くなる。一般人同士であれば、夕食を一緒にとり、場合によっては飲酒もしながら交流を図る。しかし龍源師はそれをしない。せっかく食事やお菓子を用意したのにそれに手をつけないというのは一般的な感覚からすれば失礼である。「どのように接すればいいのかわからない」。そんな声が聞こえるようになり、はじめは協力的だった人たちも最終的には離れていってしまった。また「お高くとまっている」「怖い」という反応もみられた。龍源師は回想する。

ショックだったのは、「あなたのように聖者然としている人に対して、自分が抱えているしょうもない悩みなんか話す気がしない。そのような態度をとられると、自分が馬鹿にされているように感じる」と言われたことでした。多くの方々にとって私は「異物」であり、それは場合によっては恐怖の対象となってしまうということがわかりました。

日本人の戒律イメージの源流が、肉食を禁じる梵網戒であるというのも混乱に拍車をかけた。一般的な日本人からすると、「戒律に厳しい＝精進料理しか食べない」となる。しかし律においては、肉食は禁じられていない。乞食を原則とするので、在家者が肉を食べているのであれば、そのおこぼれをもらう出家者も必然的に肉を食べることになる。もちろん、菜食主義の出家者もいるが、それはあくまでも個人のルールとしてである。しかし龍源師がそのやり方を踏襲すると、

「戒律を守ると言いながら肉を食べている。けしからん！」ということになる。もちろん、好意的な反応もあった。ごく一部の人たちからは、龍源師は熱烈に尊敬されることになった。しかしこれはある種の個人崇拝であり、逆に龍源師の活動に縛りをかけることになった。律を完全に遵守することは不可能であるにもかかわらず、それを強く要求されるようになったからである。

大きな転機もあった。二〇一六年に龍源師が突然、結婚したのである。お相手は京都で和裁士として活動しているさゆりさん。交際期間を全く経ずに結婚に至ったとのことだった。その特殊な経緯については後述するが、当時の私にとっても寝耳に水、青天の霹靂《へきれき》とも言える出来事だった。「龍源さんに人間味があってよかった」という声もあったが、この出来事を契機として多くの人が去り、また龍源師への誹謗中傷も増えた。

私たちがやりたいのは、この素晴らしい仏教というものを活用して、よい人生・よい社会をつくることである。にもかかわらず、多くのネガティブな反応を引き起こしてしまうというのは本末転倒である。将来的には律を遵守する出家者とそれを支援する在家者というミャンマー式の制度を確立することが望ましいが、まずはできるところから始める必要がある。どのような律をどのような形で守っていくのがよいのか、初めからこちらで答えを用意するのではなく、活動しながら寺院にかかわる人々と共に考えていけばいい。結論として、私たちは律遵守の挑戦を一旦、保留することにした。

即身成仏という概念

律遵守の実験を通じて浮かび上がってきたのは、現代日本に即した仏教とはどのようなものかという問題である。即さなければ伝わらないし、広がらない。では「即する」とはそもそもどういうことなのか。龍源師はそのヒントを真言宗の開祖、弘法大師空海の提唱した「即身成仏」という概念に見出す。密教では自らがブッダになる「即身成仏」を目指して修行する。ではそのブッダとは何か。二〇一六年、龍源師はミャンマーに渡り、高僧にこの問題について質問をした。高僧の答えは「ブッダとは他者の苦しみを滅することができる人であり、上座部仏教では釈迦牟尼ただ一人だと考える」というものだった。

この答えを聞いて、私は「わかった！」と思いました。「仏陀はゴータマ・シッダールタただ一人である」という縛りから脱却したのが、大乗仏教だったわけです。釈迦牟尼が説いた以外の方法でも、苦しみを滅することは可能なはずだと。他者をさとらせることができる人が仏陀なのであれば、釈迦牟尼の方法にこだわらなくてもよいのではないか。

そうした大乗仏教の中で、最新バージョンとして生まれたのが……密教です。真理を得られるのであれば釈迦牟尼の方法にとらわれなくてもよいと考えたのが大乗仏教ならば、同じく阿弥陀如来などの仏陀に頼らなくても、自分自身の修行や経験、その時代の状況や文化に即してさとればよいのではないか。「私」が「私」の方法で、他者の苦しみを滅してさとりに導くことができるのであれば、その「私」は仏陀であるのではないか。これが即身成仏、「身に即して仏と成る」の真意だと思うのです。（松波『仏教思考』六一―六二頁）

上座部仏教では、律不可侵の原則を貫くことを標榜し、パーリ仏典として伝来されているブッダの言葉を一言一句違えてはならないとされる。この態度を突き詰めるならば、律を遵守できない環境においては悟ることはできない。ターナ寺院の事例でみたように、規定の袈裟では生活できない場所は修行に適していないということになる。つまり現代日本では仏教を十全に実践できない。しかし、これでは仏教の可能性を狭く限定してしまう。

龍源師によれば、その可能性を拡張することを目指したのが大乗仏教である。他者を悟りに導くことができるのがブッダであるならば、釈迦牟尼以外にブッダがいてもいいはずだ。こうした発想から、「南無阿弥陀仏」と唱えたら必ず極楽浄土に連れて行ってくれる阿弥陀仏、体や心のあらゆる病を癒やす薬を出してくれる薬師仏など、その土地や環境に即したブッダが現れた。いろいろなブッダがいて、いろいろな悟り方がある。であるならば、私たち一人ひとりが、現代日本においてそれぞれが生きている時空間に即したブッダになればよい。それぞれの生活の現場において、仏教の可能性を自由に展開させていけばよい。そのための手伝いをする。あるいはそうした営みを相互に助け合えるような場所をつくる。これが私たちの新たな活動指針となった。

寳幢寺の設立

以上が二〇一六年までの出来事である。その後の展開を概説しておこう。二〇一七年、私たちは寺院設立に向けて具体的に動き出す。十月に私が代表理事となり、一般社団法人・寳幢会（二〇二〇年三月に日本仏教徒協会に改称）を設立し、その一プロジェクトとして寳幢寺の活動を開始する。詳しくは後述するが、これは第一章でみたターナ寺院の組織形態を模倣したもので、在家者からなる寺院管理委員会が、龍源師の活動拠点である寳幢寺の運営、金銭等の管理を行うという形式である。

旧織物工場を本堂にするために改修しているところ（2017年）

それまでは京都・北大路の町家を拠点としていたが、手狭なのでより広い物件を探していたところ、京都・今出川の旧織物工場の跡地と巡り合った。織物会社の持ちビルで、地下一階地上三階の社屋のほか、工場跡のプレハブがついていた。このプレハブは小さな体育館程度の広さがあり、本堂として使えるものだった。貸主のご理解があって格安で賃貸することができたが、大規模な修繕が必要だった。二〇一七年末から、様々な方々の協力を得ながらＤＩＹで

道場開きの法要（2018年）

少しずつ工場を本堂へと変えていった。真冬の凍てつく寒さの中、龍源師とさゆりさんがコンクリートの上で、素足で作業していた姿が印象に残っている。

二〇一八年に入り、寺院の改修が落ち着いてきたところで、各種の講座（瞑想、仏教哲学、武術など）や仏教儀礼（神仏供養など）を開始する。そして三月に真言宗長栄寺《ちょうえいじ》派管長など錚々たる来賓を招き、道場開きの法要を執り行った。

代表理事挨拶

道場開き当時の私たちの考えを示すものとして、法要の際に代表理事として私が行った挨拶文をそのまま載せておきたい。

私たち寶幢会は、真言律宗の出家者である、松波龍源先生の事業をサポートするためにつくられた組織です。龍源先生は、大阪外国語大学（現在の大阪大学）のミャンマー語科で修士号を取得した後、中国で長らく武術修行をし、それから日本で出家され、種智院大学で密教を修められました。実際にお会いした方はおわかりだと思いますが、ご自身の厳しい修行の中で培われてきた仏教理解、仏教伝道に対する熱い思い、どれをとっても規格外の方です。

しかしそうした素晴らしい資質や思いも、それを活かすような仕組みがなければ、社会に知られることはありません。そこで私たちは、龍源先生の思いをどのように形にすることができるか、三年以上にわたって議論を重ねて参りました。その一つのステップが、今回の一般社団法人化ということになります。また、それに合わせてこのように立派な活動拠点を構えることができました。

ここに至るまで、様々な問題や苦労がありました。しかし龍源先生の師匠である、西大寺の佐伯俊源先生をはじめ、多くの方々のご理解、ご支援を賜りまして、この日を迎えることができました。その記念すべき第一歩を、みなさまと共に分かち合えることを、大変うれしく思うと共に、みなさまに深く感謝申し上げます。

さて、私たちの目的は大きく分けて二つあります。一つめの目的は、日本の伝統仏教の力を、国内外の多くの方々に体感していただくことにあります。日本の仏教は葬式仏教と言われたりしますが、仏教にかかわるのが葬式だけというのはもったいないことだと私たちは考えます。なぜなら、仏教というものはなによりも私たちの日常を、そして人生を、豊かにしうるものだからです。とりわけ、日本の風土・歴史・文化の中で培われてきた日本の伝統仏教は、だからこそ、日本の方々に適したものであるといえます。また、こうした日本の伝統仏教の可能性と価値を、外国の方々にも是非とも感じていただきたい。

そこで私たちは、より身近に仏教を学び実践することができるような機会を提供すべく、龍源先生を主任講師とした、各種の仏教講座を運営していきます。仏教に関心がある方、教義を学んでみたい方、瞑想をやってみたい方、世界の様々な仏教文化に触れてみたい方。いろいろな関心を持つ人たちが、それぞれのできる範囲で自分の生活に仏教を取り入れる。それによって幸せを実感できるようになる。そのためのお手伝いをすることが、私たちの目的の一つです。

もう一つの目的は、今述べたような仏教普及活動を継続的に行えるような仕組みをつくることにあります。現在の日本において、宗教が「胡散《うさん》臭い」と語られるとき、その背景には宗教者・宗教団体による資金集めや、莫大な財の蓄積への批判があるように思います。しかし、ある宗教が掲げる理想がいかに高邁《こうまい》なものであったとしても、その理想を実現するためには、お金が必要です。ここに、宗教活動の大きなジレンマが存在しています。つまり宗教活動は金儲けの手段ではない。しかしお金は必要である。このジレンマをうまく解決できない限り、継続的な活動は行うことができません。

この問題について、たとえば私が研究しているミャンマーでは、出家者と在家者が相互に支え合いながら自分の修行に励むことができるような仕組みが発達しています。つまり在家者は、自分の修行の一環としてお寺に布施をする。その布施を基礎として出家者は、修行に励みながら、在家者に仏法を説いたり瞑想を指導したりする、という相互依存的な仕組みです。私たちはこの仕組みを、現代の日本社会にも援用できないかと考えています。それはすなわち、新しいお寺をつくるということです。まだ自前の建物もないお寺ですが、私たちはこれを「寳幢寺」と名付けました。この「寳幢会」を基礎として「寳幢寺」をつくり、出家者と在家者が相互に支え合いながら修行に励むことができるような環境を整えたい。

もちろん、文化的な背景が大きく異なるミャンマーのやり方を、そのまま日本に導入することはできません。それでは現代日本に適した仕組みとはどのようなものなのか。その答えは、実際に事業を運営しながら、模索していくしかありません。

そしてこの仕組みをつくっていく上で、何よりも重要なのが、様々な縁で本日ご列席いただいたみなさまのご意見だと考えております。みなさまからいただくご助言やご要望、あるいはご批判といったものの中から、まだ見ぬ「寳幢寺」は形になっていきます。もし私たちの活動にご関心をもっていただけるようであれば、是非とも、様々な形で関与していただき、そしてご意見を頂戴できれば誠に幸いです。

最後に、この事業を誠心誠意、進めていくことをみなさまに固くお約束して、私からのご挨拶とさせていただきます。本日は誠にありがとうございました。

台湾のミャンマー人街で托鉢する龍源師（2018年）

赤字続きの経営

このように意気揚々と始まった寶幢寺の活動であったが、設立以来、大幅な赤字が続いた。二〇一八年当時、寶幢寺の運営には、家賃や光熱費といった固定費だけで毎月最低三十万円、諸経費（お供え物、交通費、生活費）などを含めると五、六十万円ほどが必要だった。しかし布施として得られる収入は毎月十万円程度。不足分はすべて、龍源師の私財で補っていた。これまでの活動に既に数百万円を投じていたが、このままいけば二〇一八年末には資金が底を突くという状態になった。道場を畳むか否かの瀬戸際だった。

二〇一八年九月には一縷《いちる》の望みをかけてダバワ瞑想センターとの提携を模索したが、うまくいかなかった。その代わり、龍源師がダバワ瞑想センターの台湾支部に一カ月間滞在させてもらい、現地で支援者を探すことになった。中国語に堪能な龍源師だからこそできた挑戦であったと言える。しかし蓋を開けてみれば、台湾支部は台北近郊にあるミャンマー人コミュニティに支えられた完全なるミャンマー寺院だった。一部、台湾人もかかわっていたが、布教の方向性（台湾人に

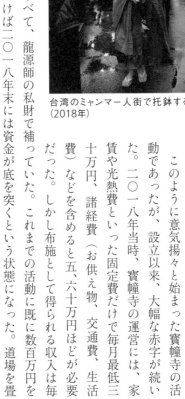

も広げていくか否か）をめぐって対立が起きていた。龍源師はその関係を調停するという難しい役回りを担うことになり、支援者探しどころではなかった。

日本で資金調達が難しかった大きな要因は、龍源師の私財を投入していたため、外部からは寶幢寺がお金に困っているようにみえず、布施をする必要性を感じられなかった点にある。またミャンマーであれば布施の機会があることを知らせたり（現在進行中のプロジェクトを知らせるなど）、具体的な布施方法について案内したり（何にいくらくらい布施できるかとか、銀行振込の方法など）するが、そうした工夫もうまくできていなかった。

ミャンマーの高僧から仏舎利を授かる龍源師。この仏舎利は寶幢寺の本尊となっている（2018年）

経営ではなく実験をする

こうした状況を打開するため、理事のさゆりさん、そして事務スタッフの平井和美さんが、寶幢寺に縁のある方々に、現状を説明して回ることになった。一方で、私自身は道場を畳むしかないと考えていた。また「足りないからお金を集めなければならない」という状況は、私にとって大きなストレスだった。布施をする気がない人に「お金を無心する」ことはかえってトラブルを生み出しかねないし、最も避けたいと考えていた「胡散臭い」宗教団体と同じになってしまう。このようなネガティブな私を文字どおり改心させてくれたのは、さゆりさんの言葉だった。各所に説明に回っていたさゆりさんから、以下のようなメールが届いた。

みなさんポジティブに考えてくださいます。私もそうです。何とかなります。それだけ素晴らしいものがここにはあるという確信があるからです。自分たちの団体を自ら怪しいと思っていたら、本当に怪しい団体になってしまいます。それはすごくネガティブです。こうして想いを寄せてくれるみなさんのためにも、私たちがネガティブな思考に引っ張られていてはならないとすごく感じるのです。

何度も議論が堂々巡りをしていますよね。理事全員があり方を変える必要を感じませんか？　経営という点では、私たちは力不足です。それはこれまでやってきて、突きつけられている現実です。だからこそ今、周りの人たちを頼っています。広報が出来る人はいないか。理念を理解し、運営に参画してくれる人はいないか。布施による支援をしてくれる人はいないか。出来ない「原因」がはっきりわかったから、良くなる「結果」に向かって「さあどうするか」というのが今です。

私は我々が怪しい団体とは思いません。また、毎月五、六十万円でこの規模の拠点が維持できるのは破格です。しかも家主さまの応援もあるという奇跡！　龍源さんに布施をしたい人はいます。魅力を感じて応援している人はいます。地道な活動はこれからも当然していくし、加えて大きな額の布施も求め続けます。それは罪悪感を持つものではないし、日本が、世界が良くなる大きなチャンスだと私は捉えています。

寶幢寺の経営がうまくいかなかった大きな理由は、「設計主義」的な発想にあった。いわゆるプロダクトアウト――商品開発や生産、販売活動を行う上で、買い手（顧客）のニーズよりも企業側の理論を優先させること――の状態に陥っていたと言える。また、「私たちの人生を、社会を豊かにしてくれるのは仏教に違いない」という強い信念も、日本の人たちには重すぎた。

そこで二〇一九年以降、私たちは設計主義を手放し（私は代表理事の座を降りた）、これまでかかわってくれた人たち、これからかかわってくれそうな人たちに、新しい経営方針の策定を委ねることにした。その結果、学生など若い世代を中心とした話し合いの中から、新たなアイデアが生まれていった。「仏教、かもしれない」。これが寶幢寺の新たなコンセプトになった。現代日本に即した仏教とはどのようなものか。それを人生に、社会に「実装《じっそう》」するにはどうすればよいか。寶幢寺はこうした問題を、寶幢寺にかかわる人たちと共に考えながら挑む「実験寺院」として再出発することになった。

「探究」の場としての寳幢寺

以下は再出発の際に改訂した寳幢寺ウェブページ（https://samgha.org/）に私が寄せた文章である。本節でみてきた寳幢寺の設立経緯と、二〇一八年から二〇一九年にかけての転機を要約したものとして、そのまま掲載する（一部、誤植を修正した）。

私たちはどのように生きればいいのでしょうか。どうすれば「幸せ」になれるのでしょうか。これは人類の永遠の課題です。こうした課題に応えてきたのが「宗教」と呼ばれてきたものです。キリスト教、イスラーム教、仏教といった宗教的伝統は、「幸せ」とは何か、「幸せ」になるために何をすべきか（してはならないのか）について、体系的な教えをもっています。そしてその教えは「聖典」としてまとめられています。

こうした教えは、人々の生き方や物質世界に意味をもたらすことによって、組織や社会や国家など、様々な制度を形成してきました。このように形成された制度にとって重要なのは、正統と異端を区別し、正しい教えを守ることにあります。なぜなら教えの改変は、それに依拠する制度の存立や安定を危うくしかねないからです。それゆえに各制度は、教えを管理・保護するような仕組みを発達させてきました。これは権力や政治の問題でもあります。

一方で、制度の維持自体が目的となってしまうと、それを支えている教えもまた硬直化し、私たちの生活から乖離してしまう可能性があります。「この宗教では、このような規範を守らなければならないとされているが、それが何の意味があるのかわからない」。規範だけが残り、それらがもはや私たちの生活に意味をもたらしてくれないのであれば、その制度の存在意義は薄れてしまいます。それゆえに各時代・各地域を生きる人々によって、新たな教えの意味が探究されてきました。それはその都度、理想的な生き方や世界を想像するという営みにほかなりません。こうした探究という営みこそが、制度の再創造の原動力となりうるものです。

寳幢寺プロジェクトは、まさにこの「探究」を促進することを目指しています。真言律宗の僧侶である龍源師と、ミャンマー仏教研究者である私は、それぞれの経験から、仏教の大きな魅力と可能性を感じていました。しかし現代日本において、その魅力が十分に認識されているようには思えない。これは端的にいって、もったいない。こうした思いから、仏教の魅力を伝えるような活動を一緒に始めました。二〇一四年のことです。以来、龍源師を主任講師として各種の仏教講座を開催し、二〇一八年には一般社団法人化を果たし、現在の道場に拠点を置くことができました。

しかしそのプロセスは決して順調だったとはいえません。いろいろな方々が関わってくださるが、定着しない。資金も枯渇し、二〇一八年末にはいよいよ道場をたたむしかないというところまでいきました。振り返ると、その大きな理由は「設計主義」的な発想にあったたかと思います。龍源師も私も、それぞれの経験から「あるべき理想の仏教・寺院のイメージ」をもっていました。そしてそれを実現するために、組織形態や運営方法、さらには講座の内容に至るまで、細かく「デザイン」しようとしていました。もちろんそれ自体が試行錯誤の連続だったわけですが、「仏教を探究する」主体を私たち自身に限定する傾向があったと反省しています。

こうした状況が大きく変わったのは、道場の運営が立ち行かなくなり、「設計主義」を手放してからだと思います。その結果、「仏教の探究」は様々な形で寳幢寺に関わってくださる方々に委ねることになりました。「実験寺院」というコンセプトは、こうした方向性を意識化・明確化するものとして捉えられます。運営者の役割があるとしたら、それは設計者ではなく、現場における多様な「実験」を保証するような仕組みを確保すること、そしてそれが反社会的な方向に向かわないように見守ることといったことになるでしょうか。

こうして運営者から手放された「実験寺院・寳幢寺」は、現在、様々な方々の手によって自生的に成長しています。ホームページに掲載されるスローガンは「仏教かもしれない。それ、良いかもしれない」に決まったと聞きました。この軽やかな言葉によって、「仏教」についての私の様々な思い込み・こだわりが吹き飛ばされたような爽やかな気持ちがしています。寳幢寺の門はいつでも誰にでも開かれています。龍源師やケンツェ師、その他の個性豊かな方々と関わり合いながら、みなさんなりの「仏教の探究」ができる場となっています。

私も一関係者として、この機会がみなさんの「幸せ」につながることを願ってやみません。同時に一研究者として、この実験がどのように推移していくのか、ワクワクしながら見守っていきたいと思います。

二　現代日本に「即した」仏教とは

「実験寺院」としての出発

以上、寳幢寺の設立から二〇一九年までの経緯についてみてきた。次に、その過程で醸成されてきた寳幢寺の布教観についてみていこう。寳幢寺の特徴を最もわかりやすく示しているのが「実験寺院」という概念である。寳幢寺のウェブページからいくつか文章を紹介する。

すべての人々が、安心して充実した生涯を送れるように。その理想は「仏教の中にあるかも知れない」。そこに可能性を見た型破りな僧侶と人類学の研究者が立ち上がり、旗を掲げました。いま、京都今出川の織物工場跡地に、起業家や医師、学生、主婦、経営者、会社員など沢山の個性が集まり、「実験寺院　寳幢寺」という「場」がつくられています。

寶幢寺の正面玄関(2021年)

二五〇〇年前にブッダからはじまり、数々の才能が引き継ぎ洗練させてきた仏教という重厚な哲学は、世界の偉人達にも評価・支持されてきました。我々の日本は統計上は世界有数の仏教国ですが、先人たちの開拓した知見を十分に活用できているのでしょうか。その疑問が、私たちの始まりであり、全てです。
　既存の仏教的慣習や、信仰のかたちを今までのやり方にとらわれずに探し続ける。世界を変えてみよう。先人の残した仏教という叡智の光を道標に。(寶幢寺ホームページ)

また別所には以下のようにある。

寶幢寺は京都のお寺だけど、ガイドブックにのるようなモノはありません。先人たちが残したモノをただ維持するより、今の時代に合わせたものにみんなでアイデアを出し合い、作り替えていく方に力を注ぎたいから。時代とともに社会で必要とされるモノは変わっていく。でも人間として生きる上で必要な何かは変わっていないのではないでしょうか。先人たちはすでに答えを出している。私たちはそれを引き継いで、実際社会に当てはめてみることで、現代に在る、色々な問題や人々の苦しみの解決をすることができるかもしれない。そしてその過程にある新たな出会い・つながり・発見の化学反応をみてみたい。（寶幢寺ホームページ）

このようなヴィジョンのもと、現在、寶幢寺の布教活動を特徴づける概念は、「仏教かもしれない」「即の仏教」「仏教の社会実装」という形で整理されている。本節ではまず、ウェブページをはじめ、様々な機会になされた龍源師の説法（私との質疑応答も含む）、龍源師の既刊の二つの書籍（①「仏教学：実はきわめて論理的な、仏教の世界へようこそ」深井龍之介・野村高文編『視点という教養』イースト・プレス、二〇二二年、②前掲『仏教思考』）を参照し、これらのコンセプトを読み解くことによって、寶幢寺の考える布教の内実を紹介してみよう。

「仏教かもしれない。それ、良いかもしれない」

最初のキーワードは「仏教かもしれない」である。仏教を絶対的な真理として押し付けたいわけではない。しかし様々な問題を抱える現代社会やそこを生きる私たちの苦しみへの解決策の一つとして、もしかしたら仏教が有力な方法論になるかもしれない。そのような提案をしたいという思いがこの標語に込められている。

二一世紀の今、我々人類の歴史は重大な分岐点にあると言われるようになってきています。科学技術は快適な生活と健康寿命の増大をもたらしてくれましたが、それに伴う環境汚染は種としての人類を滅ぼす勢いです。グローバル経済と国際政治は複雑怪奇な利権構造を生み、富の偏在は各地で悲惨な紛争や非人道的行いを誘発しています。

今こそ人類は変わらなければならない。現代を代表する知の巨人、アーヴィン・ラズロ博士は言います。「個人を起点にした論理の世界は終わりにして、全体としての論理に生きなければならない。神や王権を起点にした文明から変わってきたように。」

「エゴに縛り付けられた自分へのこだわりが他者を傷つけ、自分を痛めつける。すべてが因果関係で繋がりあっていることに気づき、自分を基準にした固定概念から脱却するべきだ」。こちらはラズロの言葉ではありません。二五〇〇年前の聖者、ブッダの言葉です。

ヨーロッパに起こった産業革命以降、私たちは神や王権の権威から脱却し、科学的な知見をもとに個人の自由を追求してきました。その過程で、生きる指針、世界観、見えざる他者への眼差しというものを失ってきたような気がします。たしかに今、人類は変わらなければいけない時を迎えているのかも知れません。

その指針はどこに？　私たちは思います。それは仏教かも知れない、と。

（寶幢寺ホームページ）

「即の仏教」

仏教かもしれない。ではその「仏教」とは何か。たとえば第一章のタータナ寺院においては「律」、第二章のダバワ瞑想センターでは「善行」がキーワードになっていた。では現代日本に即した仏教とはどのようなものか。龍源師は以下のように述べる。

即さなければ意味がありません。しかし核心をもたずに状況に応じて適当に合わせていくだけでは、これまた何の意味もありません。祈禱を依頼されたら祈禱する。読経を依頼されたら読経する。これは私たちが志すところではありません。即しつつも、意義を果たす。では仏教の意義とは何か。それは仏教が磨き上げてきた人間の心についての哲学ではないでしょうか。

この世界をどう見るのか。そしてその見ている自分自身を、世界の中で向き合っていく他者をどのように捉えるのか。この哲学が欠如すると、何が幸せで、何が不幸せなのかもわからなくなってしまいます。その判断基準を自分以外の誰かに委ねることになります。お金があれば幸せ、権力があれば幸せ、容姿が優れていたら幸せ、というように。でもよく考えたら、なぜそうなのかわからない。それを考え、一つの指針を立てることができるのが哲学です。自分自身の世界観、思想の土台に自覚的になる。責任をもつ。すべてはそこから始まります。

龍源師は、私たちの根源的な世界観を形成する思想・哲学を、コンピューターのOS（基幹システム）のようなものであると説明する。OSの上にアプリとして様々な実践（認知行動様式）が機能する。ミャンマーにおいては実践の前提となる仏教OS（輪廻転生、因果応報など）が存在している。その前提があるので、律を守るとか善行をするといった実践が可能になる。

しかし現代日本には実践の前提となるような仏教OSがない。こうした状況においてミャンマーのように「律を守ろう、善行をしよう、布施をしよう」と提案したところで理解されない。したがって現代日本に即した布教とは、特定の実践を促すことではなく、その前提となる仏教OSの内実やその重要性について、論理立てて説明することから始まる。

仏教OSとは何か

ではその仏教OSとはどのようなものか。龍源師は人類のOSを理念型として二つに区別して説明する。一つは西洋思想OS（実在論・唯物論）であり、これは現代日本社会においても支配的であるとされる。もう一つは仏教OS（空性《くうしょう》論・唯識《ゆいしき》論）であり、大乗仏教の「中観《ちゅうがん》」「唯識」という概念を用いて説明される。

西洋思想OSは、万物の存在を「実在」とみる。言いかえれば、世界は定量的に観察できる「物」だけによって構成されていると捉える。私たちが何かを認識できるのは、そこにその「何か」が存在するからである。このような実在論・唯物論的なＯＳを前提とすると、私たちの幸せとは、たとえば唯物的な資本（生産物や金銭など）の量によって左右されるということになる。しかし資本を蓄積したり、資本を分配したりするだけでは私たちは幸せになれない。なぜなら私たちには「こころ」があるからである。この「こころ」に注目しているのが仏教ＯＳである。

　仏教ＯＳは、万物の存在を「空性」とみる。「それ」が「それ」であることは、「それ」以外の他との関係に依存しており、絶対的なものではない。万物は関係性（縁起）の所産であり、他との関係なしに存在することはありえず、ゆえに一瞬たりとも変化しないものはない。つまりすべての意味は因果関係・相対関係によって仮設的に現出しているのであり、「それ」単体で完結する「実在」はない。

　したがって仏教ＯＳでは、存在よりも認識が優越する。私にとって世界の意味は、私が世界をどのように認識しているかに依存する。認識される対象は、意味の可能性としてのみ存在しており、認識されることによって初めてその意味が確定する。たとえば犬という対象がいるとして、そこからどのような意味（「かわいい」「怖い」「汚い」「美味しそう」など）を引き出すかは、観察者側の認識による。各自の認識によって、「一切空」の世界に各自の仮設的世界が構築される。

　このような空性論・唯識論を端的に表現したのが「色即是空《しきそくぜくう》」「空即是色《くうそくぜしき》」という概念である。「空＝関係性」は、認識されることによって、その場の因果関係における「仮の意味＝色」を確定させている。その「関係性＝空」は、無限の過去からの因果関係の所産であり、無限の未来へと意味的につながっていく、つまり無限そのものである。しかし関係性が表出するときには必ず「色」として表出するのであり、本来無限なる「空」が認知されるのは「色」という限定された姿としてである。

幸せは「もの」にあるのか（唯物論）、「こころ」が感じるものなのか（唯識論）。絶対的な真理があるのか（実在論）、すべての価値は可変なのか（空性論）。どちらのOSを身につけて生きていきたいか。龍源師は、現代日本人は自分が暗黙の前提としている思想・哲学にあまりにも無自覚であり、それが様々な弊害を生んでいるように感じるという。まずは自分の実践、生き方の前提となっているOSに自覚的になること。そして仏教OSに共感するのであれば、それを学び、実装する努力をすること。これが龍源師の提案である。

「仏教の社会実装」

したがって「仏教の社会実装」とは仏教OSの社会実装ということになる。では「実装」とはどういうことか。龍源師によれば、仏教OSは博物館に陳列されるような鑑賞物ではなく、実際の生活において生かされてこそ意味がある。机上の空論ではなく、自分の命を使って生きること。ブッダの教えを全身で体感することが重要であるという。

思想・哲学はコンピューター・プログラム（OS）のようなものだと思います。ダウンロード、インストールして使う必要があります。ダウンロードというのは、たとえば仏教書を読むとか、お坊さんの説法を聞くとか。でも理屈をダウンロードしても、その人の行動が変わらなければ意味がありません。たとえば仏教には「布施」という教えがあります。他者に、自分のもっているものを与えることが豊かであるということを論理的に説明している。それを知って「なるほど」と思っても、実際に布施をしないのであればインストールできたとは言えない。ここに、ただ知っているだけなのか、実装されているのかという違いがあります。

ではどのように実装（インストール）できるのか。その鍵は瞑想にある。

仏教が説いている智慧《ちえ》は、ある種の身体知だと思います。自転車に乗れるようになる、泳げるようになるのと同じように、自分の全人格的な身体知として使っていく、受け入れていく。そうして無意識領域が変わることによってようやく行動が変わっていく。そのための修行として、仏教では瞑想があります。近年、日本でも海外から輸入される形でヴィパッサナー瞑想やマインドフルネス瞑想を実践する人が増えていて、喜ばしいことです。

一方で気をつけないといけないのは、瞑想が自己目的化してしまうことです。瞑想しているときは心が無になって気持ちいい。瞑想をがんばっている自分が好き。でも日常生活を送るときの思考や実践は変わらない。それでは意味がありません。某トレーニングジムの宣伝文句に「結果にコミットする」というものがありますが、仏教の修行も結果主義です。仏教について学び、瞑想をして、どのような変化が現れたのか。自分自身の安楽、幸せにどのようにつながったのか。ここがすごく問われるところです。

どんな瞑想を指導しているか

それゆえに寳幢寺では、仏教思想の解説だけでなく、瞑想指導も重要な布教の柱の一つとなっている。寳幢寺で指導されている瞑想方法は、ほかではみられない独特のものである。龍源師は「仏教の社会実装」を実現するためのひとつの鍵が瞑想にあると考え、形骸化していると思われる真言密教独自の瞑想方法を復興することに力を注いできた。自身の修行から得られた知見や、国内外の高僧たちから学んだものを取り合わせ、弘法大師空海の真意に近いと思えるものを再構築した、と語っている。以下、龍源師による瞑想の解説を紹介しておこう。

仏教瞑想は、古代インドの哲学を基盤としている。生きていく上で、否応なく発生する苦しみ・恐怖からの脱却(解脱)を目指すための方法である。苦しみや恐怖は「求める」「拒絶する」という心の働きから発生する。「求める」「拒絶する」という心の働きは、「渇望」

という概念に集約される。「渇望」がはたらく基盤は「自己」である。「自己」が存在する以上、「渇望」が消滅することはあり得ない。しかし「自己」をよく観察し、制御することができれば、苦しみ・恐怖に繋がる悪しき渇望のはたらきを最小限に抑えることができる。他者にも同様の苦しさ、抑えがたい渇望があることを理解し、どんな相手に対してでもその苦が除かれるように真摯に祈ることができる。

「自己」の正しい観察ができるようになると、「自己」が感受するあらゆる事象は、すべて関係性によって成り立っていることが理解できる。これを突きつめていくと、「自己」は確固たる存在としては存在せず、他者との関係性の中でのみ仮設的に認識される存在であることがわかる。つまり他者は「自己」の構成要素であるので、他者の苦しみ・悲しみを完全に自分のこととして認識し、その解消を祈ることができる。

「自己」は他者との関係性の中でのみ仮設的に認識される存在であることが理解できるようになると、「曼荼羅」としての世界の実相が理解できる。あらゆる存在が永遠無限にかかわり合いながら、拡大と収縮を同時に続ける曼荼羅世界の中で、それぞれが自身の曼荼羅の中尊（中央に位置する存在）として存在しながら、同時に他者の曼荼羅の眷属《けんぞく》（中尊に付き従う者）として存在する。このように相互にかかわり影響し合いながら変容していく世界を得たときに、人はその身そのままに永遠のブッダとなり、一切の苦から脱却し、また周囲を平安に満ちた仏国土へと変容させることができる。

本堂での瞑想指導（2018年）

そのためには、意識領域の理解を超えて潜在意識・無意識の領域での変容を起こす必要がある。未だ悟っていない俗なる自分の無意識領域が、瞑想によって聖なる真理と融合していく。まさに「無意識」に自分のあり方を規定している潜在意識が、聖なる状態を体験し獲得していく。それによるあり方の変容こそが密教瞑想の核心である。

このように瞑想とは「自己」をメタ認知していくと同時に、無意識領域を書き換えていくプロセスとして捉えられている。寶幢寺では、このような認知を実現するための具体的な技術として、静態瞑想と動態瞑想を組み合わせた指導を行っている。それは上座部仏教におけるヴィパッサナー瞑想の素朴さと、チベット密教における無上瑜伽《むじょうゆが》（煩悩を悟りのエネルギーに転換し、現世での即身成仏を目指す修行法）の激しさの中間に位置するような技術であり、日本人が実践しやすいようにアレンジされたものであるとされる。

「みんながハッピーになる」ことを目指す

では、その結果として実現される「幸せ」とはどのようなものか。龍源師は言う。

ミャンマーの出家者から、仏教の究極的な目標は「枯れ木のようになること」であると言われたことがあります。樹木が枯れ、やがて朽ちて倒れていって、カサカサに乾いて土に還っていくというのを自分の人生で実現する、と言っている出家者がいらっしゃって。その考えにケチをつけるつもりはないですが、単純に嫌だなと思います。世の中には楽しいことがたくさんあるのに、「それは苦痛しか生まないのだからすべて捨ててしまいなさい」と言われると、普通の感覚では嫌じゃないですか。

安っぽい言い方になりますが、生命として生まれた以上はハッピーになることを目指す。心が躍動してウキウキしているという状態で生まれ、育ち、生き、そして死んでいく。そのためにネガティブな要素をどのように活性化させないようにするかというところが仏教の要ではないかと思います。

たとえば性行為がよくないというのは、お釈迦様の時代の戒律としてはあるわけですが、密教はそこも超えていきます。性行為がよくないとしたら、私という存在はよくないことの結果ということになってしまいます。よくないのは自他を苦痛に導くような関係性です。それを避けて「ハッピーに生きていく」。私はこれを当たり前の前提としたいと思います。

重要なのは、こうした「幸せ」は自己完結的なものではないという点にある。なぜなら仏教OSを前提とした場合、「私」と「他者」は因果関係・相対関係という縁起において、不可分に結びついているからである。

「私」と「他者」は運命共同体であると言えます。だから「私がハッピーになる」ではなく、「みんながハッピーになる」ことを目指す。「私」と私以外のすべての「他者」が一致しているという認識のもと、「私」と私以外のすべての「他者」がハッピーであることを願う。弘法大師のお言葉の中に「虚空尽き衆生尽き涅槃尽きなば、我が願いも尽きなん」という言葉が残っています。苦しむ人たち、苦しむ人がいる場、苦しむ人がたどり着くべきところというものがすべて消滅したときに、私の願いは消え去るだろう。このように他者の苦しみと私の望みは一致しているということをおっしゃっている。これが究極の慈悲であり、この慈悲を原動力として修行するというのが、大乗仏教の極意であると思います。

社会のあらゆることは、そこに生きる人間次第で変わる。そして、人間の生き方はOS（思想・哲学）によって変わる。その意味で、思想・哲学は社会の基盤でもある。大乗仏教、真言密教を土台として仏教の思想・哲学を伝え、瞑想の機会を提供する。それによって私たちの生き方を、そして社会を変えていく。これが寳幢寺の布教戦略であると言える。以上の議論を集約しているものとして、寳幢寺のホームページに掲載されている龍源師の文章を紹介しておきたい。

幸せとは何だろう。平穏とは何だろう？　善悪とはいったい？　恐怖とはどこからやって来るのだろうか、本当の強さって何だろう？　古代の森で、山で、海で、村で、我々人間は考え続けてきた。そして現代日本の、ビルの谷間で、電化製品に囲まれて、私たちはまだ考えている。

ある人たちは「かみさま」を想定した。すべてはかみさまのみこころだ。ある人たちは考えることより、技術や力によってそれを克服できると信じて進んだ。科学技術は人類に幸福と安寧をもたらす、と。今、日本も世界も、ちょっとおかしな具合になっている、と感じられる。科学技術が進んでも、根本的な人間の心の問題は解決していないし、もしかしたら精神的には不健康。地球の環境は科学技術によって壊れそう。いくらかみさまに祈ったって、世界からは貧困や暴力、エゴイズムの悪循環はなくならないようだ。

二五〇〇年前、インドのある木陰で、ひとりの人間が重大な発見をした。あらゆるモノゴトは、すべて原因と結果という関係性で繋がっている。なのに我々は、エゴイズムに囚われて、自他を苦しめる愚かな行為をしがちなんだ。エゴを調整しよう、局所的利害に惑わされないようにしよう、我々はすべてのモノゴトと連関しているのだから。このシンプルな気付きは、人類の思想史上の巨大な一歩だった。彼は「目覚めた人＝ブッダ」と呼ばれ、彼の教えは「仏教」として世界に広まっていった。二十一世紀の今でも、ブッダの教えは色褪せない。

アインシュタインは言う。「現代の科学に欠けているものを埋め合わせてくれるものがあるとすれば、それは仏教だ」。人工知能の父と呼ばれるマービン・ミンスキーは言う。「人間の心についての智慧に、仏教以上の教えはない」。サステナブル、ロハス、エシカル、コンパッション云々、近年横文字のスローガンが大はやり。だけどよく見ればこれら全部、遥か昔から仏教が言ってきたことじゃないだろうか？　でも世界有数の「仏教国」であるはずの日本で、どうしてこんなにも意味を果たせていないのだろう？　形骸化、化石化した状態から、どうやったら逃れ、生き返ることができるのか？　それを考え、実行に移すことこそが、今を生きる日本仏教僧侶の使命ではないのか。

だから、私は「伝統的な寺」にサヨナラしようと思う。建物としての寺はただの容れものだ。容れものに活動を縛られるなんて滑稽な話。人々が、真実の幸福を求めて、足場にできる場所、それが我々が言う「寺」だと思う。宗派も、しきたりも、極論すれば「仏教」なんて名前もいらないのではないか。そんな、精神の自由を縛る枠組みを超えたところに、偉大な先駆者ブッダの優しい眼差しが光るような、そんな気がしている。

正解なんてわからない。だから「実験」をするんだ。「実験寺院　寶幢寺」は、自分自身と、あらゆる命の幸せを願う、いろんな人が集まる場所。それは原始の仏教集団を彷彿とさせるのではないだろうか？　場所や時代に「即して」皆と一緒に進んでいこう。明日は今日を生きる我々が創っていくのだから。

布教事業をどのように行うか

以上、寳幢寺の布教観について整理した。ではこのような布教観をもとに、具体的にどのような活動を行っているのか。設立以来、寳幢寺は実に様々な事業を試行してきた。代表的なものを列挙すると、瞑想教室、講話会、布薩会（上座部仏教圏でポピュラーな戒律にまつわる儀礼）の復興、武術教室、居合道教室、気功教室、インド料理会、インド映画鑑賞会、地域の行政などと連携したタウンミーティングや断酒会、学生や女性の居場所提供、農作物の即売会など、多種多様である。しかしその多くはさしたる成果を挙げることができず、また時には悲しいトラブルに見舞われて方向転換を余儀なくされてきた。これらの中で現在でも引き続き実施されているものはほんの僅かである。

このような数多の実験を経て、現代日本に「即する」寳幢寺の姿がみえてきた。明確に「得意・不得意」の領域があるということが理解されたのである。一例を挙げれば、学生など若者層とは非常に相性がよいということがわかった。寳幢寺には二〇一九年頃から多くの若者が集うようになり、地域や学校の枠を超えて有意義なコミュニティが形成されている。ここで救われた、生き方が変わったという声も多く聞かれている。

その一方で、門戸を開放すると、いろいろな人たちがやってくることになった。当初はとにかく多くの人を集めたいという一心で、寺院の門戸を完全に開放していた。また寺院を公民館のような公共財として活用したいという思いもあった。その結果、コミュニティの和を乱してしまう人、スピリチュアルの世界に傾倒しすぎている人、他者に対して優位にあることをアピールしたがる（いわゆるマウントをとろうとする）人、寶幢寺を利用して自分のやりたい何か（ビジネスや自己実現など）をやろうとする人など、活動の趣旨にそぐわない、あるいは明らかに障害となるようなことをする人も現れてきた。また初めのうちは良好な関係が築けているように見えても、龍源師との距離が近くなってくると寶幢寺を軽視し始める人、過剰な要求を押しつけるようになる人などもいた。その対応に明け暮れる中で龍源師も事務スタッフもすっかり疲弊してしまった。

また、龍源師が急激に多忙になっていった。後述するように二〇二一年以降、龍源師が複数のポッドキャスト番組に出演したことをきっかけとして、龍源師への個別面談の申し込みが増えた。特に経営者の間で評判になり、名だたる企業の幹部たちが経営上のヒントを求めて龍源師を訪ねてくるようになった。さらに仏教・武術それぞれにおいて弟子が増えてきたこと、各地からの出張講演会や瞑想講座の依頼が多くなってきたことから、新規参入者への対応が後手に回らざるをえない状況になった。

寳幢寺の目的と照らし合わせたとき、これは克服しなければならない問題である。現代日本に仏教ＯＳを広く実装したい。その機会を多くの人たちに提供したい。しかしそのためには圧倒的に物的・人的な資源やノウハウが不足している。では、どうすればよいか。その「実験」は事務スタッフによって試みられ、一つの解がみえつつある。そしてそれは寺院という役割を再認識する契機ともなっている。極端に言えば、龍源師の説法は本やオンライン講座を通じて学ぶことができる。つまり寺院という拠点は必要ない。では、寺院という役割はどこにあるのだろうか。以下、その中心的な役割を担っているさゆりさんの履歴を振り返りながら、この問題について考えてみたい。

さゆりさんの修行

松波さゆりさんは京都精華大学芸術学部でテキスタイルデザインを専攻し、卒業後は和裁所で六年間の修業を経て独立、現在は和裁士としても活動している。仏教との出会いは龍源師との出会いそのものであった。龍源師が袈裟・法衣の研究をしていた関係で二〇一四年頃、二人は初めて出会う。しかし当初、さゆりさんはあまり仏教には関心がなかったという。そのようなさゆりさんが、なぜ龍源師と結婚することになったのか。そして仏教＝龍源師との出会いを通じて、さゆりさんはどのように変わったのか。

さゆりさんは十代の頃、交際相手から四年にわたって受けた精神的虐待がトラウマになり、二十代にかけて情緒不安定な状態が続いた。その結果、悲惨な人間関係を繰り返していたという。

周りの人から「もっと自分を大事にしなさい」と言われていましたが、自分を大事にするやり方をそもそも知らなかったんです。生きづらさや心の苦しみに向き合うことを放棄して本能と情動に任せて走り回り、無自覚に自分も他者も傷つけるような二十代を過ごしていました。社会性というもの、他者の存在というものを知らないまま生きてきてしまった。教養が足りない、無知な状態だったとも言えるんですけれど。三十歳が近くなると、そんなふうに自分勝手なやり散らかしが通用する子供時代が終わって、人間関係が全方向的にクラッシュしてしまいました。

こうした状況に追い打ちをかけたのが、以前の恋人からの連絡だった。

二十代半ばの頃、結婚を考えていた人がいました。ただ、私は自分勝手な人間だったので、私と結婚するとその人が苦しむことになる可能性が拭い去れないと思った。その人は私以外となら、きっと堅実なよい家庭を築いて幸せに暮らしていけるはず。だから直前になって結婚をやめたんです。その後、その人は結婚して子供もできたと風の噂で聞いていました。でも、ある日突然、その人から連絡が来たんです。聞くと、家庭がうまくいっていないとのこと。幸せになって欲しいと心から願っていた人が「とてもつらい」と泣いている。それを聞いたらどうしようもなく苦しくなってしまって。

いてもたってもいられなくなり、一筋の光を求めて連絡をしたのが龍源師だった。縫製の打ち合わせで何度か会ったことがあるだけのつながりだったのだが、会話の中で折りに触れ聞いていた仏教の話や出家者としてのあり方に尊敬の念を抱いていた存在だった。

「この苦しみを乗り越えるためのきっかけがほしい」。そう思ったときに思い浮かんだのが龍源さんでした。龍源さんに会って、私のとんでもない前半生を洗いざらい、すべて話しました。すると龍源さんは「あなたは苦しみを知っています」と言われました。そして私が「何をしたか」ではなく、「なぜそれをしたのか」という点に踏み込んで、様々な話をしてくださいました。私のあらゆる行動の根本は、仏教で「慈悲」と呼ばれるものであったということも。そのとき、この人の近くで学べば、この終わらない苦しみの連鎖を断ち切ることができるのではないか、他者の幸せに真に貢献できるのではないかと、直感的に思ったんです。だから私は弟子入りを志願しました。後から聞いたのですが、龍源さんの方でも、「この人は弟子のような距離感で二十四時間一緒にいないと救えない」と思ったそうです。

とはいえ当時（二〇一六年）は現在の拠点ではなく、小さな古い町家を借りて道場（北山道場）にしていた。そこに若い出家者と若い女性弟子が一緒に暮らすというのは、世間から訝《いぶか》しがられるに違いない。双方の両親も早く結婚することを望んでいる。であるならば、いっそ籍を入れてしまった方がうまくいくだろう。このような考えから「弟子入り＝交際ゼロ日婚」が実現する。これによって、さゆりさんは逃げられない環境に身を投じることになる。一番きつかったのは傷ついている自分を直視し、認めることだったという。

私は自身の生きづらさはもちろんのこと、心の苦しみやトラウマと向き合うこともできていませんでした。「私が悪かったから」と言い訳をして、自分の心の傷を見ないようにしていた。でも龍源さんはそこに問題の根幹があることを見抜いていました。日々の対話の中で、それを認める方向へと導いていかれました。それが本当につらくて怖くて。認めるということは、何年もかけて何重にも封じていた自分の心をむき出しにすることです。「私は傷ついていた。私もかけがえのない大切な存在である」。それを認められたとき、仏教の世界観が腹落ちし、世界の見え方・捉え方が変わりました。

それまでは「私のせいで他者が苦しむくらいなら私が死んでも構わない」と本気で思っていました。でもそれは仏教的には本当の慈悲ではなかった。私もまた世界の一部であり大切な存在であるということ。私の喜びが世界の喜びであり、世界の喜びが私の喜びでもある。

私自身を慈しむことによって初めて、世界を真に慈しむことができるということに気がつきました。

慈悲とは「抜苦与楽《ばっくよらく》（他者の苦しみを取り除いて安楽を与えること）」とも表現される。しかし他者の苦しみと安楽は、自分のそれと不可分である。本当の慈悲とは〈自分＝他者＝世界〉の「抜苦与楽」にほかならない。その後、説法を聞いたり、瞑想をしたりという修行を続けるうちに、四聖諦《ししょうたい》の教え（人間の苦しみの原因とその解決の道を苦・集・滅・道という四つの真理として整理したもの）が腑に落ちてきたという。

小さな悟りを得ると、新たに気づくことが出てくる。ここが足りないからもっと学ばないと、というように。学んで悟り、学んで悟りというのを繰り返しやる中で、自分のエゴと向き合わざるをえなくなりました。見たくなかった自分の心に向き合うのは並大抵のことではなく、正直逃げ出したいくらいつらかったこともありました。けれどもそこを乗り越えなければまた同じ原因で苦しみを生んでしまうことが理解できていたからこそ、折れずに学び続けることができました。そんなふうに、北山道場にいた時期は貴重なインプットの時間になりました。

社会と仏教をつなぐ装置としての寺院

そして二〇一八年に寳幢寺が設立されると、今度は寺院へやってくる様々な人たちの応対を任されることになる。

まだ自分に余裕がない状態でしたが、あらゆる他流試合をやることになった感じです。龍源さんという師匠がドーンと後ろに控えている状態で、いろいろな他者と向き合う、自分とも向き合うというありがたい修行期間をいただくことになりました。おかげでやっと余裕がある人間になってきました。

その結果、さゆりさんは寳幢寺の「入口」として、訪問客と龍源師をつなぐ役割を担う存在になっている。たとえば仏教について学びたい、何か悩みがあって龍源師に話を聞いてもらいたいと思っても、龍源師が多忙で直接の面会予約がとれなかったり、あるいは面会しても龍源師を前にしてうまく言葉や質問が出てこなかったりするケースが多々ある。

ご来訪者の中には、いきなり龍源さんに会うのは躊躇する方もいらっしゃいます。直接会っても、何を聞いていいのかわからず、気まずい時間が流れることもあります。でもわざわざ遠方から寶幢寺に来るのは、何か求めるものがあってのことだと思うんです。だからうまく言語化できない場合は、二時間でも三時間でもお話を聞いたりすることがあります。じっくり話を聞いて対話を重ねると、最後は元気になって帰って行かれます。「こんなに話を聞いてもらったのは初めてです」と言われることも多いです。

悩みの大半は人間関係に関するものです。そうすると私は共感できることがとても多いんです。龍源さんに出会う前の私は本当にひどかったので。十代から二十代にかけて、自分の心の愚かさが原因で生じる人間関係の苦しみの諸々を、かなり網羅的に経験している。また私が来訪者とは無関係な人間だからこそ、話しやすいということもあると思います。そうやって気持ちを素直に話せる場所にもなれたらいいなと思います。

もちろん、さゆりさんはただ話を聞くだけではない。仏教に出会って修行したことで、自分の悩みを克服してきた経験もある。それを踏まえて実践的なアドバイスをしたり、龍源師の本を勧めたりする。

たとえていうと、龍源さんは山の上にいらっしゃる。ここに絶対救われる何かがあるんですが、そこに直接行くにはロッククライミングをしなければならない。それに対して私たちはハイキングコースを案内して、最初の三合目くらいまでをアテンドするという感じです。

私は龍源さんに出会って、仏教の世界観が腹落ちして、苦しさから脱出することができました。以前の私のようにただ知らないだけで苦しんでいる人に仏教を届けることができたら、どれだけ多くの人の助けになることができるだろうかと思います。といっても私自身には先頭に立って伝えられるほどの能力はありません。だとしたらその可能性をもっている龍源さんのような人の力になることが、世界全体の豊かさのために私の人生でできる最大のことなのではないか。それが私の喜びだし、やりたいことです。

さらに、若者たちが集うときにはさゆりさんが手料理をふるまう。極めて家庭的な雰囲気の中で皆が家族になっていく。現在、寳幢寺にはこうした雰囲気に居心地のよさを感じて集う人たちによって、自然発生的にコミュニティが醸成されている。

寳幢寺にいて感じるのは、損得や嘘抜きに、みなさん人と人、心と心で接していることです。社会でよくあるようなごまかしや自己保身が効かないので、人によっては怖い場所だと思います。自分の利益のために他者を傷つけるような人は浮き上がってしまうんです。逆に、そういう我利《がり》の社会では生きづらい人たち、優しい人たちにとってはとても居心地がよい場所になっています。

このようにみてくると、さゆりさんは寶幢寺の「入口」というよりも、寶幢寺そのものであると言えるかもしれない。寺院とは仏教に出会える場所である。つまり寺院とは社会と仏教をつなぐ装置である。それがどのように機能するかによって、仏教との出会い方が変わってくる。寶幢寺において、その機能を支えているのはさゆりさんである。

さゆりさんは他者と接するとき、話すとき、そこに慈悲があるのか、慈悲を忘れていないか、常に自分に問いかけているという。寶幢寺は龍源師の智慧とさゆりさんの慈悲という二本の柱によって支えられている。

本堂での護摩の様子（2021年）

布教の曼荼羅的展開を目指す

このようにさゆりさんの活動を通じて、新規参入者をうまく誘い受け入れていく道筋が整備されつつある。ただし現状では大人数に対応できない。より多くの人に仏教を学び、実践する機会を提供できるようになるためには、さゆりさんのような「番頭」的機能を果たしうる弟子の育成が不可欠である。そこで寶幢寺では二〇二二年に在家弟子制度を設け、仏教哲学・瞑想・武術の弟子の育成に努めている。二〇二四年現在、二十―三十代を中心に三十人以上の弟子がいる。在家弟子になるための条件は以下のようになっている。費用は不要である。

- 仏教に否定的な見解を持っていないこと
- 他の寺院、宗派、宗教に地位を持っていないこと（単に「檀家である」などの場合は除く）
- 師となる出家者の指導を素直に受け入れること
- 犯罪行為を行っていないこと
- 反社会的勢力と関係が無いこと
- 極端な借財や社会的トラブルを抱えていないこと
- 原則として四十歳未満であること
- イデオロギー性の強いコミュニティに属していないこと
- 師となる出家者、一門の同胞と良好な信頼関係が築けること

現在は、在家弟子向けのオンラインと対面の講座が定期的に開催されているほか、龍源師との個別面談を通じてそれぞれの関心や目的に応じた修行が行われている。弟子たちは、さゆりさんがたどったような道を歩んでいると言えよう。修行を通じて仏教ＯＳをインストールし、それぞれの生活世界（家庭・学校・職場）を生きていく。そこで仏教に関心がある人がいれば、「入口」

となって寶幢寺や龍源師を紹介する。こうしてさらに弟子が増えていけば、裾野は指数関数的・曼荼羅的に広がっていくだろうという目論見である。

とはいえ、私たちは寶幢寺の信者を増やしたいというわけではない。あくまでも仏教への「入口」となればよいのであって、結果的に寶幢寺に結びつかなくてもよい。本書でもその一端を紹介してきたように、仏教には様々な教えや実践方法がある。その中から自分に合った仏教と出会い、実装していけばよい。現在は圧倒的にリソースが足りていないため現実的な計画とはなっていないが、いずれは多様な宗派（海外の仏教も含む）が集う仏教テーマパークのようなものをつくりたいという構想もある。寶幢寺にも二〇二四年現在、チベット密教僧のテンジン・ケンツェ師がかかわっているし、龍源師や私を通じてミャンマー仏教とのコネクションもある。寶幢寺の究極の目的は、このような意味において広く仏教と社会の縁を結ぶことなのである。

三　檀家制度から脱却するための経営とは

日本の仏教寺院の経営課題

これまでみてきたように、寶幢寺の目的は現代日本に仏教思想（仏教ＯＳ）を実装することにある。しかしそのためには布教活動を十全に行えるような仕組みが必要である。檀家もいない、観光資源もない、自前の拠点もない借家寺院がどのように活動基盤をつくっていけるのだろうか。本節では寳幢寺の組織運営に関する実験とその帰結について紹介する。

寺院の目的は布教でありお金ではない。このような組織は一般的に非営利組織（ＮＰＯ）と呼ばれる。ＮＰＯの目的は利益を上げることではなく、自らの掲げるなんらかの使命を実現することにある。しかし組織である以上、営利組織と同じく、経営資源を獲得・所有・利用する必要がある。ただし利益ではなく使命を目的として掲げることには、営利組織にはない難しさが伴う。経営資源の獲得・所有・利用方法について、使命と合致しているかが社会的・法的に常に問われることになるからである。

この点について、ミャンマーと日本の寺院では、置かれている社会的・法的環境が大きく異なる。ミャンマーでは寺院のあり方が律によって規定されているが、日本では先述したように律の重要性が低いため、歴史的に社会的慣習や国家法の影響を受けやすい状況にあった。たとえば社会的慣習の影響について言えば、中世以来発達した神仏習合はその一例であると言えるだろう。皇室の祖先神である天照大神《あまてらすおおみかみ》を中心に、氏姓毎に先祖たちを「祖霊《それい》」として祀るという神道的慣習は、「葬式仏教」と呼ばれるような日本仏教の基礎となっている。ミャンマーにも精霊（ナッ）を祀る習慣はあるが、仏教とは明確に区別されている。またミャンマー仏教徒は墓をつくる習慣がないので、寺院には墓がない。

国家法の影響について言えば、江戸時代に成立した檀家制度は、現在に至るまで日本の仏教寺院のあり方を大きく規定している。つまり日本寺院の経営資源の獲得・所有・利用方法は檀家制度を基礎として発達してきた。そしてその方法は、葬儀や墓地の管理を中心とした布教活動のあり方とも不可分に結びついている。

また、出家生活の必要コストがミャンマーと日本では大きく異なる。ミャンマーの出家者は独身なので、家族を養う必要がない。一人であるならば、托鉢に出れば食べる分には困らない。自分の寺院がなければどこかの寺院に間借りをすればよい。寺院間の移動は極めて一般的である。寺院の建物自体に文化財としての重要性はないので、布施がないのにわざわざ修復したりもしない。またミャンマーでは出家すると「国民」ではなくなる（選挙権も被選挙権もなくなる）ので、税金を支払う必要もない。

それに対し日本では家族を養ったり、歴史的価値のある伽藍を維持したり、本山への上納金を納めたり、スタッフの人件費を払ったりする必要があるので、相対的に多くの費用がかかる。もちろん、収益事業や給料に対しては税金もかかる。さらに托鉢をするにも種々の許可が必要であり、ミャンマーのように自由に托鉢に出ることもできない。日本の寺院はミャンマーと比べて、経営的な難しさに満ちていると言える。

檀家制度に依拠した寺院経営

そもそも日本の寺院はどのような方法で経営資源を調達していたのだろうか。檀家制度に依拠した寺院経営の特徴とはどのようなものか。寳幢寺の「実験」の特徴を明確にするためにも、まずはこの点を確認しておきたい。

奈良・平安時代において、出家者は官僧（国家公務員）であり、鎮護国家を仕事としていた。その代わりに朝廷や公家から支援を受けていた。平安時代後期から鎌倉時代にかけては、寺院が所有・運営する私有地（荘園）、高利貸し、「座」と呼ばれる商人組合の保護を通じた商業管理から資金を得るようになった。さらにこうした財産を自衛するために僧兵と呼ばれる武力を有した。その結果、中世の寺院は国家権力から自律した強大な勢力を持つようになった。織田信長による比叡山延暦寺の焼き討ち（一五七一年）や、豊臣秀吉による寺社の刀狩り（一五八五年）は、こうした寺社勢力を牽制・管理するための試みだったと言える（伊藤正敏『寺社勢力の中世』筑摩書房、二〇〇八年）。

こうして江戸時代以降、寺院は国家権力の管理下に置かれることとなった。そして江戸時代を通じて確立されたのが本末制度・檀家制度である。まず本末制度とは、幕府が全国の仏教寺院（末寺《まつじ》）を、宗派毎に本山・本寺によって組織化させ、統制するための制度である。本山は宗派の儀礼や教義の統一を図り、末寺に対して指導を行う一方で、末寺は定期的に布施や年貢の一部を納めることで本山を経済的に支援することになった。

次に檀家制度とは、幕府が寺院を介して民衆を管理するための制度である。十七世紀初頭、幕府はキリスト教弾圧を開始した。その目玉となったのが寺請制度（一六一三年）である。これはキリスト教徒に棄教させて代わりに仏教寺院へ所属させ、定期的に仏教儀礼（葬儀や先祖供養）を行うよう義務づけることによって、キリスト教を撲滅しようとしたものである。その後十七世紀を通じて寺請制度は一般民衆にまで広げられた。つまり各家は特定の寺院と檀家契約を結び、仏教徒であることを証明しなければならなくなった。これに従わない場合は、地位の喪失から罰金、死罪にいたるまで、幕府による一連の処罰が待っていた。

江戸時代を通じて、寺領は寺院にとって主要な収入源であり続けた。しかし寺請制度とその発展型である檀家制度は、寺院の経営基盤を劇的に転換する契機となった。つまり寺院が、檀家と呼ばれる信者に対して宗教的サービス（葬儀や先祖供養など）を行う一方、檀家は寺院を、そして寺院を通じて宗派を経済的に支援するという仕組みが、寺院経営を支えることとなった。檀家制度は明治時代に法的に廃止されたが、既に日常生活の一部となっていたため慣習として存続した。さらに戦後の農地改革（一九四六年―）によって多くの寺領が国家に接収されたことにより、寺院は檀家依存を強めざるをえなくなった。その結果、一部の観光型寺院や現世利益型寺院（祈禱寺院）を除き、檀家制度は現在にいたるまで寺院経営の基礎を形成している（Stephen Covell, *Japanese Temple Buddhism*. University of Hawai'i Press, 2005）。

では檀家制度に依拠した寺院経営の仕組みとはどのようなものか。まず、寺院と檀家の関係は、市場におけるサービス提供者と顧客のような関係ではなく、流動性が低い固定的な関係である。法的には寺院は宗教法人であり、檀家はその会員である。寺院は会員である檀家の墓を守り、葬祭を行うための共益組織であり、その意味で会員制クラブや町内会に近い。それゆえに檀家が寺院に支払う布施は会費的である。布施とは教義的にみれば、自発的な善意（お気持ち）にもとづくものであり、金額に決まりはない。しかし檀家制度においては、布施とは寺院を維持するために各檀家が負担しなければならない「義務」である。

「これがお寺の生きる道」？

ただし戦後の社会的変化に伴い、こうした仕組みは制度疲労を起こしている。現代日本の寺院経営に関する本のタイトルを見ると、檀家制度に依拠した寺院の現状や未来についての危機感や批判に溢れている。そのいくつかを出版年順に並べてみると、以下のようになる。『がんばれ仏教！』（上田紀行著、二〇〇四年）、『せとぎわの仏教』（全国青少年教化協議会著、二〇〇五年）、『お寺の経済学』（中島隆信著、二〇〇五年）、『坊主のバチ当たり経済学』（井上憲一著、二〇〇六年）、『「ぼうず丸もうけ」のカラクリ』（ショーエンK著、二〇〇九年）、『坊主の常識・世間の非常識』（千代川宗圓著、二〇〇九年）、『寺よ、変われ』（高橋卓志著、二〇〇九年）、『葬式は、要らない』(島田裕巳著、二〇一〇年)、『寺院消滅』(鵜飼秀徳著、二〇一五年)、『無葬社会』(鵜飼秀徳著、二〇一六年)、『葬式消滅』(島田裕巳著、二〇二二年)、『絶滅する「墓」』(鵜飼秀徳著、二〇二三年)などである。ここではこれらの文献に依拠しながら、檀家制度の諸問題を整理しておこう。

第一に、少子高齢化や過疎化に伴い、既存の檀家が減少している(墓じまいや離檀《りだん》など)。第二に、葬儀や墓についての考え方の変化に伴い、新規の檀家が増えない。葬儀をしないですぐに火葬する(直葬)、公営墓地・民営墓地の人気、あるいはそもそも墓をつくらない(自然葬、樹木葬、散骨)といった傾向である。仏式の葬儀をしない、墓をつくらないとなれば、多くの寺院は用なしになってしまうだろう。

こうした状況の中で、寺院と檀家の温度差は拡大する一方である。寺院側は、「歴史ある伽藍をつぶすわけにはいかない」「檀家の墓を守らなければならない」「寺院に住む家族を養わなければならない」といった重圧にさらされている。そのために多くの出家者が様々な副業(昔は教師や公務員や幼稚園経営などが多かったが、現在は多様化している)に勤しみ、寺院財政を支えている。頼みの綱は檀家からの布施であるが、日常的な布施の機会は減っている。であるならば葬儀や法事といった少ない機会にまとまった布施をもらうしかない。布施はもちろん「お気持ち」であるが、各檀家に負担してほしい金額に届かない場合は「布施が少ない!」という泣き言が出るのも仕方がない。離檀は他の檀家にさらなる負担を押しつけることになるので勘弁してほしい。

守る人がいなくなった墓は不良債権のようなもの。管理しても全く収入にならないので壊したくもなる。

一方で檀家の側では、引っ越しなどによって寺院との日常的なつながり、檀家という意識、「寺院を経済的に支えなければ」という義務感は低下している。そのような状況で寺院から布施を要求されると「不当な取り立て」のように感じてしまう。「布施はお気持ちじゃないのか」「戒名というよくわからないものになぜそんなにお金を払わなければならないのか」といった不満が募る。宗教法人は課税されないとも聞く。「庶民からカネをむしり取って豪遊している」「坊主丸儲け！」。こうした誤解は寺院のイメージ低下、さらなる寺院離れ、仏教離れへとつながっていく。

では檀家制度がいずれ成立しなくなるとしたら、どのように寺院を経営しうるのだろうか。この点について経営学者の中島隆信は、檀家制度を廃して市場原理を導入するという提案をしている。つまり各寺院は社会のニーズに合わせて様々なサービスを提供し、「檀家」ではなく「顧客」を獲得すればいい。そのための具体的な方策として、①サービス業者としての道（葬儀や法要などをサービス業化する、布施ではなく価格を設定する、営利組織として税金を払う）、②現世利益サービス提供への道、③仏教の布教活動への道という三つの可能性を提示している（中島『お寺の経済学』）。

これに依拠すれば、寳幢寺がとった戦略は③に該当するということになるだろう。しかし私たちは布教活動を「顧客」に向けたサービスであると割り切ってしまうことには迷いがあった。布教とビジネス、布施と対価の支払いは同じものなのか。資金調達に苦労する日々の中で、寺院とは何か、布教とは何か、布施とは何かという問いが先鋭化していくことになった。それに対して私たちはどのような「答え」を出したのか。そしてその結果、どうなったのか。以下、その詳細についてみていこう。

布教か？　ビジネスか？

経営基盤と活動内容は密接にかかわっている。私たちが目指す布教活動を十全に行うために、檀家制度は採用しない。これが寳幢寺の基本方針である。しかし収入がないと持続的な活動ができない。では、どのように資金を調達すればよいか。

最初に試みたのは「すべてを布施に依拠する」というものだった。二〇一七年以降、私たちは「シャリーラ・プログラム」と名づけた仏教講座（哲学講座、瞑想講座）や、各種のイベント（講演会、食事会、ワークショップなど）を始めた。そしてこれらに対価を設定せずに、参加者の自発的な布施に任せるという方針をとった。

これが全くうまくいかなかった。第一に、そもそも人を集めるのに苦労した。寳幢寺が何の団体かわからない。説明も難しい。社会的信用や立場もない。寺院らしい伽藍もない。ウェブページ（改定前のもの）を見てもよくわからないし、怖い。こうした状況の中で、寳幢寺は「怪しい

大阪ミャンマーコミュニティのカティナ衣布施式での説法（2019年）

宗教団体」と認識されてしまうことがほとんどだった。どのように工夫したとしても、「仏教を売り込む」という姿勢でいる限りは逆効果になることを実感した。

第二に、人が来てくれても布施の額が必要経費に全く足りなかった。たとえば一回二時間の講座に十人の参加者が来る（十人集まれば御の字だったが）。一人あたり五百円から千円の布施が集まる。そうすると一回あたり五千円から一万円くらいにしかならない。「お布施はお金でなくても結構です」とアナウンスしていたところ、レモンが一個、布施箱に置かれていたこともある。結局、月に十万円集まるかどうかという感じだった。もちろん、すべてありがたい布施であるが、それでは継続的な活動は不可能である。

第三に、参加費不要（布施）というメッセージはかえって混乱を招いた。一方では「金額の目安を教えてほしい」という声があった。もう一方では無料であると認識され、冷やかしやクレーマーが集まるというおかしなことも起きた。市場交換が基礎となっている日本社会において、価格のついていないサービスというのは理解しにくい。また価格がそのサービスの質を示していると捉えられる傾向があることがわかった。ではいっそのこと一回一万円などと価格を設定した方がよいのだろうか。こうしたことが日々、話し合われた。

結果的に私たちは一旦、「すべてを布施に依拠する」ことを断念し、各講座やイベントを収益事業として割り切って実施するという方針に切り替えた。具体的には「シャリーラ・プログラム」の各講座に価格を設定する。さらに、より収益が見込める手段として、仏教や日本文化を「ウリ」にした外国人旅行客向けのツアーを企画することにした。龍源師は中国語・英語が堪能、出家者であると同時に武術の師範でもある。「京都、仏教、武術、観光」という要素はニーズが大きいはず。宿坊《しゅくぼう》を運営するという案も出た。観光を通じて日本仏教の魅力を伝えることは、私たちの活動趣旨とも合致する。ただし毎日観光客を相手にするのでは本丸である「仏教の社会実装」が後手に回ってしまう。であれば人数を限定して手厚いサービスを実施し、その分価格を高額に設定してはどうか。外国人向けのウェブサイトの準備も必要である。提携してくれるような旅行会社はないだろうか。コロナ禍前の二〇一七年、こうした作業に勤しむことになった。

税法とのすり合わせの困難

しかしこのように収益活動に舵を切るという戦略は、すぐに国家法という大きな壁にぶつかった。詳しくは後述するが、私たちは二〇一七年十月に寶幢寺の運営母体として在家者からなる非営利型一般社団法人・寳幢会を設立した（二〇二〇年三月に日本仏教徒協会に改称）。「シャリーラ・プログラム」や外国人向けツアーもすべて、法的には寳幢会の事業となる。

そこで税理士に確認したところ、非営利型一般社団法人の収入は、その名目が一定の範囲内であれば課税されないが、税務署に「収益活動」と認識される場合は課税されることがわかった。非課税が認められるのは「会費」「寄付」名目のみで、「学費」「授業料」「講習費」「参加費」「講演料」「講師料」といった名目の受け取りはすべて課税対象となる。「会費」「寄付」ではない収入には、諸経費を差し引いた純利益に二五％の税金がかかる。節税に勤しむつもりはないが、私たちとしては「布教活動」のつもりでやっていることが税法上は「収益活動」とみなされ、看過できないレベルで損失を被ってしまう。とはいえ、愚痴を言ってもしょうがない。そのような法律がある以上、公明正大に申告・納税していこうということになった。

しかしそれだけでは不十分だった。非営利型一般社団法人は、「同好の士」から「会費」「寄付」を徴収して資金に充てる組織だという建前があるので、実態はどうであれ、「授業料」や「参加費」という名目の収入が多くなるのは問題となる。つまりそれをするなら最初から「社団法人」ではなく「会社」を設立すべきということになり、「授業料」や「参加費」が主になってしまうと、課税対象になるばかりでなく、運営形態がおかしいと認識されてしまう。

こうした見かけを回避するためには、非課税区分の「会費」「寄付」名目でお金を受け取るような工夫が必要となる。そのためには、かかわる人たちになんらかの形で「会員」になってもらわなければならない。寳幢寺に継続的にかかわってくれそうな方々には「正会員」になってもらうように案内しよう。では会員になることの条件（会費）やメリットはどのように設定すればよいか。一見《いちげん》さんや外国人旅行者はどうすればよいか。税理士からは、「ビジター会員」「ワンタイム会員」といった名目で「会費」として料金を徴収し、会員名簿に名前を記録するようにという助言をもらった。

言葉づかいにも細心の注意を払わなければならない。「ワークショップ」という言葉は「黒に近いグレー」とのこと。私たちの認識では「会員向けのコンテンツ」であっても、ウェブなどでたとえば「袈裟縫製ワークショップ」と銘打って募集をかけた場合、税務署からは「技術伝達の対価をとる収益事業ではないか」という指摘を受ける可能性があるらしい。

こうして税法とのすり合わせに邁進した結果、内部の私たちですら理解できないほど複雑な仕組みになってしまった。瞑想に少し関心があって講座に来た方々に、いきなり「正会員」や「ビジター会員」といった説明をしなければならない。スタッフに条件やメリットを聞いても要領を得ない。これでは怪しさ全開である。さらに、お金を受け取るたびに、それが「布施」なのか「会費」なのか「対価」なのかを考えなければならない。

布施に依拠するという決断

すっかり疲弊してしまった私たちは、再び原点に立ち返って、すべての受講費・参加費を無料（布施）にすることにした。当時（二〇一七年末）のメールでは以下のような話し合いがなされた。

私　現代日本での活動であると割り切って、対価をとって布教事業を行うしかない。これがこれまで、私たちの暗黙の前提となってきた考え方です。しかし最近、私はこの前提に違和感を覚えるようになってきました。理想を言えば、布教事業は「布施」であるべきです。この場合の布施とはお金やモノの布施（財施）ではなく、「法施」となります。「布施」であるとは、無償であるということです。これはミャンマーの寺院や瞑想センターでは当たり前のことです。瞑想指導や説法によって、対価を得るということはしません。日本においても座禅や瞑想の多くが無償で提供されています。

そもそも布教事業は収益事業になりうるのか、という疑問もあります。ミャンマーでよく師僧から言われたことですが、「普通の人にとって、仏教は聞きたくないし、やりたくないもの」です。もちろん、仏教を学び、実践する中で、意欲も向上していくものであり、それこそ私たちが望む状況ではありますが、初めからお金を払ってまで嫌なことをやりたいという人がどれくらいいるでしょうか。ましてやこの日本の状況においてです。
では、どうすればいいのか。一つの案は、「シャリーラ・プログラム」を「布施」として、つまり無償で提供し、一方で参加者からも「布施」を募る、というものです。ただしこの「布施」は、「シャリーラ・プログラム」の講座に対する布施という形にはしません。このようにすると、講座に対する「対価」と区別がつかないからです。ですので、「布施」を募る対象は寶幢寺の活動全体とします。寶幢寺の活動に賛同し、それを支援したいという気持ちがあれば、この活動全体に対して「布施」をしてください、という形です。

龍源師　私も仏法の伝授でお金を取りたくありません。仏法を求める人をいかなる理由であれ選別したくないということです。よって、武術の部分は別枠として、瞑想と仏教哲学に関しては収益を上げることを中心に考えたくはないと感じています。ですので、我々の活動に対して、それが続けていけるように布施を募り、拠点の維持、我々の生命の維持、必要経費の確保ができている限り、求める人に広く門戸を開いて、仏法を伝え続けたい。そう思います。
十分な布施を得るためには、活動実績が必要かと思います。そのための当面の資金は、十分とは言えませんが、あります。たぶん、収入ゼロでも一年は耐えられます。ただこの資金は、ここで失えば回復することは基本的にないので、一発限りの勝負になります。その意味での切迫感はもちろんありますし、ご理解いただきたいと思います。悠長に構えすぎて一年の時間切れが来てしまうと、もはや情報発信のすべも失うことになりかねないという恐怖はあります。

さゆりさん　仏法を伝える寶幢寺の大きな役割については、私も藏本さん、龍源さんと全く同意見です。この役割を改めて確認するまで、私自身「運営のための対価」というところに思考が引っ張られていた部分が大きかったと省みました。我々の在り方は、社会から必要とされるのか否か。突き詰めるとその一点に尽きます。私も生き長らえることへの執着など龍源さんと同じ道を歩むことを選んだ時から捨てております。存在が必要とされず生きていけなくなるのならそれはそれで構いません。とはいえ、もちろん理想論だけでは成せることも成せない可能性が増えてしまいます。「布施によって成り立つ」という、理想であり根本的な概念を常に持ったニュートラルな心の状態で、あらゆる物事に対応してゆきたいと思います。寶幢会運営のための資金としては、①講座に参加した方からの布施、②大口の布施、③毎月継続での布施（少額でも、なるべく多くの施主を募る）、というところで確保できるようになれるのが理想です。

布施は対価とどう違うか

布施が集まらないということは、社会に必要とされていないということ。そのときはきっぱりと諦める。こうして不退転の覚悟ができたとはいえ、スタート地点に戻ったにすぎない。ではどうするか。「布施」は「対価」ではないことをしっかりと説明しよう。龍源師は以下のように述べる。

仏教（に限らずですが）における「布施」「与える」という行為は、普通の取引とはちょっと違うんだ、ということを伝えられればいい。極端に表現すれば、「お前の製品・サービスを買ってやってるんだからありがたいと思え」「カネを払ってるんだから満足させろ」というのが普通のアイデアです。でも仏教では違うわけです。自分のため、みんなのため、自分も含まれる全体の幸せをより大きくするために自分ができることをする。それが「布施」「旦那」（布施する人を呼ぶ語）という行為の定義かと思います。ミャンマーのようなあり方が理想ですが、それが無理なら対価的に価格設定してもしょうがない。ただ、その金額を「サービス」「商品」に対する「対価」として捉えるか、「これは自分と自分の属する世界のためになることをしているのだ」と捉えるかで、まったく意味が変わるので。その一点なんだと思っています。

また別所では以下のように説明している。

寳幢寺に来られたら私の時間の許す限りお話ししますし、質問にもお答えします。そこに対価は発生しません。うちが存続したほうがいいと思っていただけるなら、無理のない範囲でみなさんの余剰をお願いします、というスタイルです。そもそもお布施は、金銭に限定されるものではないはずです。きっと、お坊さんが「お金を稼ぐ」という発想をした瞬間に、仏教は堕落していくんだと思います。だから私は出家者である以上は無一物になって、在家の方々からの余り物で命をつないでいく。(松波『仏教思考』二二七頁)

実際、ミャンマーにおいても布施の動機は多様でありうる。ミャンマーで用いられているパーリ仏典では、①尊敬の念から、②他人に非難される、あるいは悪趣に落ちる(餓鬼・畜生・地獄に転生する)ことを恐れて、③返礼として、④返礼を期待して、⑤布施は善行であるという教えを信じて、⑥生活の糧がない人を助けたいと考えて、⑦自分の名声を上げるため、⑧欲や怒りから離れ、心を穏やかにするため、といった動機が挙げられている。この内、②③④⑦は交換的・対価的な動機であると言える。自分の大切なお金やモノ、あるいは労力を、なんの見返りもないことに投資するなんて馬鹿げている。そうした発想を超えたところに仏教の目指す世界がある。「布施」への理解と実践を深めることが、社会に仏教を実装するための第一歩にもなるだろう。

このような経緯を踏まえ、寳幢寺の会報誌では現在、以下のような形で布施について説明・案内している。

寳幢寺は皆様からのお布施・ご寄付・会費のみで運営し、ここを必要としてくださる方々の力によって成り立つことを目指しています。まだ赤字運営ながらも、頼ってくれる若者たちのためにも、ここで学びたいと思ってくださる方々のためにも何とか存続出来るよう尽力しています。瞑想講座やイベント等の参加費は固定的な対価ではなく、お寺を維持運営してゆくための目安額として設定しており、全てお布施として受領しております。お布施の形は様々で、例えば食材のご寄進や、お手伝い、お人を紹介してくださる。そうしたこともお布施となります。お布施の形について、参加会費についてもご相談がございましたら事務局までお気軽にご連絡ください。

首の皮一枚つながり続ける

先述したように、二〇一八年を通じて圧倒的な赤字経営が続き、寳幢寺の資金（龍源師の私財）の終わりが見えてきた。龍源師とさゆりさんは真剣にホームレスになる準備をしたという。社会にうまく順応できなければ淘汰されるというのは、あらゆる組織の宿命である。私たちも社会に必要とされていないような状況で、寶幢寺の存続にしがみつくようなつもりはない。ただ、現在ようやく動き出したいくつかの活動がうまくいくのか、その実験の結果を見届けたい。そのための力添えをいただくことはできないか。さゆりさんを中心に関係者に説明して回った。するとニ〇一九年に入り、少しずつ人が集まり、お金が集まるようになった。「これならあと一カ月いける、もう一カ月いける」という形で首の皮一枚つながり続けた。

さらなる転機となったのは、龍源師が一般向けの説法をするためのいくつかの手段（メディア）を得たことにある。まず二〇一九年一月から、京都造形芸術大学教授で放送作家の谷崎テトラさんと龍源師の対談企画である「ホロス宇宙塾」が始まった。二〇二四年現在、第六期が進行中である。また二〇二一年、龍源師はオンラインメディアのNewsPicksのポッドキャスト番組「a scope」にゲスト出演することとなった。この番組は「2021 JAPAN PODCAST AWARDS ベストナレッジ賞」を受賞した人気番組で、二〇二二年六月には『視点という教養（リベラルアーツ）――世界の見方が変わる七つの対話』というタイトルで書籍化もされた。二〇二三年にもポッドキャスト番組「ゆかいな知性――仏教編」に出演、それを元に龍源師の初の単著、『ビ

龍源師の単著『ビジネスシーンを生き抜くための仏教思考』（2023年）

ジネスシーンを生き抜くための仏教思考』が出版された（二〇二三年九月）。

こうしたメディア出演を契機として、若者を中心に多くの人たちが寳幢寺を訪れるようになった。さらに上記の「a scope」のホスト役を務めた株式会社COTEN・代表取締役の深井龍之介さんが、自身の伝手でいろいろな起業家や経営者を毎月のように寳幢寺に連れて来るようになった。深井さんはビジネスパーソンに人文知（人間とはなにかをそもそも論で考えることに必要な知恵や知識）が必要であるという考えから様々な活動を展開している。経営的な意思決定に寳幢寺の仏教思想は大いに役立つ。これまでは講座やイベントをするにもターゲットが絞れないでいたが、深井さんが経営との親和性を見出してくれたおかげで、寳幢寺および龍源師の活動の焦点が明確になっていった。深井さんは寳幢寺をいわばプロデュースしてくれたと言えるだろう。現在、龍源師は複数の企業と顧問契約を締結しているほか、講演会や企業研修を依頼されるようになっている。また直近（二〇二四年九月）では古舘伊知郎さんのYouTubeチャンネルに出演するなど、龍源師の活躍の場はますます広がりつつある。

サイバーエージェントでの講演会（2023年）

このような展開に伴い、初めに思い描いていたような形での、対価的ではない布施を得られるようになった。寳幢寺に備え付けの布施ボックスへの布施、会員からの定期的な布施、仏具や食料など物品の布施、プログラミングや写真など自分の得意分野を活かした布施。寳幢寺の一年分の家賃および光熱費に相当する多額の布施をしてくれた方もいた。また予定している公益法人化の費用を全額負担するという申し出もあった。依然として赤字の月も多く、スタッフの給料も満足に払えない状態だが、資金の問題で今までできなかった諸々の事業を検討できる余裕も生まれている。

龍源師は以下のように振り返る。

初期は人を集めるためにいろいろな小細工もしました。でも自分たちのやりたいことから外れたところで人を集めても、お互いにとってよいことではないとわかりました。道を外れたことで人が集まるようになってしまったら、外れ続けなければなりませんし。だからどんなに苦しくても、あるべきあり方を外れることはしない。寺院が本当の寺院として機能するためには、寺院自らが「お金儲け」に走ってはならない。いつまで持ちこたえられるかという勝負でしたが、本当にギリギリ、なんとかなりました。

資金調達のあり方は寺院の活動内容に直結する。「布施に依拠する」という無謀に思えた実験は、多くの方々の理解と協力を得て、ようやく軌道に乗りつつある。

一般社団法人を設立する

最後に寳幢寺の組織形態についてみておこう。私たちが目指すような布教活動を十全に、かつ継続的に実行できるような組織形態とはどのようなものか。これについて考えるときに念頭にあったのが、出家者による寺院や寺院財産の私有化という問題である。

一般的に、日本の仏教寺院は宗教法人のものであり、住職をはじめとする寺族《じぞく》(住職の家族)はその法人から雇われているという立場である。したがって住職が交代した場合には、当然ながら前住職とその家族は寺院を出ていかなければならない。しかし明治以降、出家者の婚姻が一般化するとともに、寺院の世襲も一般化することとなった。その結果、寺院は住職一族の所有物という意識が強まり、家族経営的な体裁をとるようになっている。昨今、寺院の後継者不足が騒がれているが、正確に言いかえるならば、世襲の(もしくは養子になってくれる)後継者が不足しているということになる。

またミャンマーと異なり日本では出家者が金銭を取り扱うことになんら制限はない。したがって出家者の一存で自由に金銭を用いることができる。しかし寳幢寺はすべてを布施に依拠するという方針をとる以上、その布施は布教のために用いられるべきであり、出家者の個人的な楽しみのために用いてはならない。そこで私たちは、出家者による寺院や寺院財産の私有化を避けるべく、第一章でみたようなタータナ寺院の組織形態、つまり在家者から構成される管理委員会が寺院を運営するという形態を採用することにした。

問題は、こうした仕組みを日本の法律に照らし合わせてどのように実現するかという点にある。私たちは当初、「寶幢寺」として宗教法人格を取得し、龍源師が所属していた真言律宗・西大寺の末寺として認可してもらうことを目指していた。日本で「宗教」活動を行うためには、宗教法人となることが一般的である。宗教法人法は、「宗教団体が、礼拝の施設その他の財産を所有し、これを維持運用し、その他その目的達成のための業務及び事業を運営することに資するため、宗教団体に法律上の能力を与えることを目的とする」法律（文化庁『宗教法人のための運営ガイドブック』二〇二三年、一頁）であり、宗教法人になれば様々な税制上の優遇も受けることができる。また「怪しさ」を払拭するためにも、宗派のお墨付きがあった方がよいだろうと考えた。

しかしどちらも寶幢寺のあり方にはうまく適合しなかった。そもそも宗教法人ではない組織は真言律宗の「末寺」にはなれず、「末教会」という格下の扱いになるということだった。さらに末教会であっても活動実績が必要であり、その活動として想定されているのは葬儀法要・祈禱・観光であり、寶幢寺の活動を真言律宗宗務所に理解してもらうのは難しいことが予想された。認可を受けること自体は可能であったが、龍源師の師匠である佐伯俊源師からは、「龍源君は既存の宗門の枠に収まることをしたいわけではないだろう。真言律宗に固執せず、もっと自由に考えてよいのではないか。君がいる場所、大地の上、大空の下が君の寺だと思って、枠をはめずにやりなさい」という助言をもらった。結果として私たちは真言律宗に属さないことにした。

また宗教法人格の取得も困難だった。宗教法人格を取得するためには、公開性を有する自前の礼拝施設を備えるといったいくつかの要件があるほか、継続的な活動実績が必要であることがわかった。借家の寶幢寺にはそもそも難しい。税理士と相談し、非営利型一般社団法人として出発し、数年の活動実績をつくってから「単立」（どの宗派にも属さない）宗教法人格を取得することを目指すことにした。また一般社団法人の名称に「寺」をつけるのは問題がある、出家者団体（寶幢寺）と在家者団体を別組織にしない方がよいとのことだった。そこで私たちは二〇一七年十月に在家者から構成される一般社団法人・寶幢会（現・日本仏教徒協会）を設立し、そのプロジェクトとして寶幢寺を位置づけることにした。当時のメールのやりとりにおいて、龍源師は以下のように述べている。

「空の下は皆これ我が道場」というコンセプトに立ち、真言律宗の寺院・教会としてではない形をとるのであれば、寶幢「寺」という括りは自ら限界値を定めてしまうことになるのではないか。であるならば、「寺」という枠を外して、「寶幢僧伽《サンガ》」という形で、寶幢僧伽に加盟する出家者（とりあえずは私）がいる場所が、どこでも「寶幢寺」なんだと。「寶幢」とは「仏法の旗」の意味ですから。この旗を掲げている場所が寶幢寺なんだという意識でいた方がよいのではないかと思います。

現在、寶幢寺の運営、財産の管理はすべて日本仏教徒協会が責任をもって行うという形態をとっている。理事はさゆりさん、私、ほか一名、監査は龍源師の師匠である佐伯俊源師という構成である。重要なのは、龍源師は本協会の理事ではないということである。協会が運営する寶幢寺の布教事業を任されている出家者という位置づけであり、その継承者についても協会が決定する。また出家者が寶幢寺の事業に不適格であると判断すれば、協会が解任することもできる。龍源師も私有財産を放棄し、協会が管理している。紆余曲折を経ながらも、仕組み上はタータナ寺院の運営形態を踏襲できていると言えよう。

誰が寺院を経営するか

とはいえ、この仕組みはうまく機能しているとは言いがたい。第一に、現状では在家側に経営判断ができる人材、つまり寶幢寺の理念にもとづいて、どのような活動をしていくのかという判断をできる人がいない。当初は私が代表理事を務めていたが、最初の一年で経営能力が皆無であることを痛感したので、その座を降ろしてもらった。現在は形式上、さゆりさんが代表理事となっているが、主な役割は事務作業である。経営人材を雇おうにも今の財政状況ではまともな給料を支払うことができない。結果として龍源師に経営判断を委ねざるをえない状況にある。つまり龍源師はあるときは在家者（協会）側として、またあるときは出家者側として、二重人格的に機能することになる。これがどのような問題を引き起こしうるか。龍源師は以下のように述べる。

たとえば何かの拍子に私が堕落してしまう。あるいは次の世代に継承されたとして、その人がどんな人なのかがわからない。法人のお財布と自分のお財布を混同したり、出家者でありながら寺院の事業に関係ないものを欲しがる人であったりした場合、その人に意思決定権があれば、「ポルシェを買おう」と言われても阻止できなくなるわけです。そこを何とかする必要があります。

もちろん、最終的な権限は協会の理事会にあるので、仕組み上は出家者による寺院の私有化を防げるはずである。しかし実態が制度を蔑ろにしてしまう危険性は常にある。龍源師は言う。

権威が過剰になると、従属関係ができてしまう。たとえば新興宗教の教祖さまのような感じになると、誰も逆らえなくなってしまう。だから重要なのは出家者におかしな要求を出させないような出家と在家の緊張関係です。それをどのように構築するかが今後のチャレンジだと思っています。

出家と在家の緊張関係をどのように構築できるか。現状では龍源師とさゆりさんは夫婦であり、さゆりさんは龍源師の弟子でもある。その意味で書類上、龍源師は協会の理事ではないとしても、健全なガバナンスが機能する状態とは言いがたい。龍源師や私たちといった第一世代がいなくなった後の事業継承の際に、法人の私物化や汚職といった問題を防止するためにも、なんらかの手立てを講じる必要がある。

公益社団法人化の試み

長らくの悲願であった宗教法人格の取得は、その具体的な対策となるはずだった。つまり当初は一般社団法人として数年の活動実績をつくってから宗教法人格を取得するという目論見であったが、これについても議論を重ねた結果、方針転換することになった。私たちは寳幢寺の信者を増やしたいわけでも、「仏教徒」を増やしたいわけでもない。しかし宗教法人という枠組みで活動すれば、既存の宗教団体と同じであるように見られてしまう可能性がある。であれば「宗教」を名乗らないという方法もあるのではないか、むしろその方が寳幢寺の革新性をアピールしやすいのではないかという考えからである。また宗教法人はその制度設計において、グレーな運営ができてしまう法人形態であるということが理解された。

宗教法人は私たちの理念に合致しない。そこで私たちは、宗教法人ではなく、公益社団法人格の取得を目指すことにした。公益社団法人になると、存在自体が「公益」であるとされるがゆえに法人税や固定資産税などが免除され、実質的に宗教法人と変わらない税制上の優遇を受けることができるようになる。その代わり国の監査が厳格となり、資産の自由な移動・売却などができない、目的外の活動がやりにくくなるといった制限がかかる。この選択は龍源師の「我々は仏教者として堕落の可能性をできる限り排除するために、法律によって手足を縛られた方がよい」という方針にもとづくものである。また公益法人の審査と登記には行政書士・司法書士の支援が不可欠で多額の費用がかかるが、その費用を布施してくださるというありがたい申し出もあった。

こうして公益社団法人化に向けた具体的な準備が始まっているが、前途は多難である。行政書士によれば、公益社団法人は会員の会費によって運営される決まりになっている。月会費でも年会費でもよいが、会費はいくらで会員が何人いるから年間予算はこれだけと決める仕組みになっている。したがって寳幢寺のように完全に布施に依拠する、その布施の金額は毎月変動する、会員が寺院に来る頻度もまちまちということになると、この仕組みに合わない。これは宗教法人の場合も同様とのことだった。つまり日本においては、布施に依拠した法人運営が想定されていない。また日本の税法は個人所得のない人を想定していないため、出家者の生活費用を法人持ちにするという私たちの試みは、所得隠しの嫌疑をかけられる可能性もある。ならば日本の一般的な寺院と同じく、法人から龍源師に給与を支払う形にした方がよいのかといった話し合いが続いている。仏法と税法の隔たりをいかに埋められるかが今後も課題となるだろう。

研究会で龍源師と出会ってから十年の月日が流れた。現代日本に即した新しい寺院経営の仕組みとはどのようなものか。その答えはまだ出ていないが、少なくともこれまでの実験の軌跡は余す所なく伝えたつもりである。私は「出家と在家の緊張関係」を維持するために、龍源師の弟子にはなっていない。今後の推移を冷静に観察・分析するためにも、まだしばらくは弟子になるつもりもない。いずれ寳幢寺や法人を次世代に継承したら、龍源師にゆっくり教えを請いたいと思う。そんな日を心待ちにしている。

おわりに

私たちはなんのために、どのように生きるべきか、他者（モノやカネも含む）とどのようにかかわるべきか。このような規範を指示する言説のことを、ここでは規範的言説と呼んでみよう。もちろん、その規範をどれくらい重視・遵守するかは人それぞれである。しかしたとえば現代日本において「多様性」「ポリティカル・コレクトネス」「コンプライアンス」といった規範を考慮しない言動をすれば様々な社会的制裁を受けるのと同じく、規範的言説は理想の世界を想像させ、実践を導き、ヒト・モノを関係づけ、結果として現実の世界を創造する重要な契機となる。

本書でみてきたように、仏教寺院の活動に影響を与える規範的言説は、①仏法（ブッダの教え）、②社会的慣習、③国家法の三つに大別できる。ミャンマーでは、寺院・出家者は社会・国家から相対的に自律している。つまり「自分たちのあり方を規定するのは仏法、特に律だけである」という意識が強い。そして律に依拠するがゆえに出家／在家という区分が明確となり、出家／在家の共生関係を軸として社会や国家が形づくられてきた。その意味でミャンマーにおける社会的慣習や国家法は、仏法と親和的な関係にある。

このような出家／在家の共生関係が濃縮された形で観察できるのが、第一章でみたタータナ寺院である。ミャンマー仏教の世界は、ある面では自業自得の世界である。自分の心というのは他者がどうこうできるものではなく、自分で管理しなければならない。しかしそれは決して孤独な世界ではなく、出家者・在家者が互いの修行を支え合う中で展開している。たとえば出家者が一生懸命に律を守ることは、自分の修行であると同時に、在家者を修行にいざなう手段にもなっている。「欲望から離れることで得られる幸せというものがあるのか。ならば自分も一生懸命に五戒を守ろう、お布施をしよう、瞑想しよう」という信心を養っていく。在家者の布施もまた、第一には自分のための修行である。「これは私のものだ」としがみつくのではなく、大事なものであるからこそ、それを人に与える。そのこと自体が執着から離れるための重要な修行となる。しかし同時に、布施は出家者の修行を物質的に支える手段にもなる。こうして自利行と利他行が融合しながら展開している。ミャンマー仏教の持続性を支えているのはこのような仕組みである。

第二章でみたダバワ瞑想センターもまた、仏法に依拠している。ただしその中核にあるのは律ではなく「善行」という概念である。センターには様々な人や動物がいて、いろいろなニーズに溢れており、自分の能力や関心に応じて、誰もが善行に励むことが奨励される。もちろん、最初は何ができるのか、何をやればよいのかがわからなかったり、やってみたもののうまくできなかったりすることもあるだろう。そのようなときはダバワ長老を、あるいは周りの仲間たちを真似すればよい。動けなければ横たわりながら瞑想をすればよい。私たちはただ存在するだけで、誰かの役に立っている。混沌の中で、出家／在家や老若男女といった区別、貧富や地位の差も無化される。他者と不可避的にかかわり合いながら、それぞれが自分の道を歩んでいく。そうした歩みの中で、おのずから真理（ダンマ）に習熟していくこと。それをセンターという枠を超えて世界規模で推進すること。これがダバワ瞑想センターの布教戦略である。それはミャンマー仏教の新たな可能性を感じさせる実験である。

このように仏法に依拠した寺院経営がやりやすいミャンマーに対して、日本仏教は歴史的に社会的慣習や国家法の影響を受けやすい状況にあった。その一因は律軽視の歴史にあると言えるだろう。江戸時代に幕府主導で成立した檀家制度は、現在でも社会的慣習として残っている。檀家制度において寺院は檀家の共益組織であり、布施は会費としての意味をもつ。さらに戦後に成立した宗教法人法は、宗教／世俗、布教活動／収益活動といった区別を設けることによって、寺院の諸活動を規定している。また「坊主丸儲け」というイメージや、定期的にメディアを賑わす新興宗教絡みの事件は、宗教組織への不信感をもたらしている。このように現代日本は、宗教を冠した活動がやりにくい環境にある。こうした厳しい環境において、仏教はどのような世界想像力／創造力を発揮することができるだろうか。その問いに挑んでいるのが第三章でみた実験寺院・寳幢寺である。「即身成仏」という概念に新たな命を与え、現代日本に即した仏教理解・実践のあり方を模索している。

三つの事例を通じてわかるように、「ブッダの教え」としての仏教は、決して固定的・一義的なものではない。各寺院において仏教は、「律」「善行」「即身成仏」といった概念を核として再編成されている。こうした言葉の探究は不可避的に世界を変えていく。そして世界の変容はまた、言葉の新たな探究を促していく。このように世界は言葉との関わりの中で想像／創造されている。

では、あなたはどのような言葉によって、どのような世界を想像／創造したいだろうか。本書でみてきたように、そのヒントは仏教にあるかもしれない。

あとがき

高校時代、自宅にあった中村元著『原始仏教――その思想と生活』（一九七〇年、NHKブックス）が愛読書の一つだった。今となっては何に悩んでいたのか全く思い出せないが、ブッダの教えに救われる思いがした。大学では仏教学を専攻しようと、漠然と考えていた。

しかし実際には文化人類学の道へ進んだ。転機となったのは浪人中に観た「黄金のパゴダ――ミャンマー・祭りと葬送の日々」というドキュメンタリー番組である（一九九八年放送、NHK）。番組の中で、生後間もない赤ん坊を亡くした若い女性がインタビューに答えていた。「私の母乳が十分に出なかったので、あの子は死んでしまった。来世は母乳がよく出る母親のところへ生まれてほしい」。なんとなく知っていた輪廻転生という概念が、このような世界として現れていることに衝撃を受けた。ブッダの教えはどのような世界を形づくっているのか。これが現在に至るまで、私の研究の大きな問いとなっている。

本書ではこの問いから一歩進んで、「ブッダの教えはどのような世界を形づくることができるのか」という問題に焦点を当てた。現代社会における仏教の可能性を考えるというのは、寳幢寺の試みそのものでもある。その意味で本書もまた、寳幢寺プロジェクトの一環として位置づけられるかもしれない。

＊

本書は私がフィールドで出会った、厖大な数の方々の有形・無形の支援によって成り立っている。執筆中は、そうした方々ともう一度出会っているような感覚になった。その中には既にこの世を旅立たれた人、今後は会うことが難しいであろう人も少なからずいる。こうしたすべての方々との出会いが、研究のみならず、私の人生を豊かなものにしてくれている。ここに記して深く感謝したい。

寶幢寺に関しては、松波龍源師、松波さゆりさん、および関係者のみなさんに重ねて深く感謝したい。「経営にかかわっている」と言いながら、最近は年に数回だけ寶幢寺を訪れて、与太話をして帰るだけである。本来であれば感謝する前に謝罪すべきなのかもしれないが、みなさん優しいので笑って許してくれるだろう。その優しさに甘えずに今後は実のある貢献ができるよう精進したい。

本書を執筆するきっかけをつくってくださったのは、東京大学東洋文化研究所の佐藤仁先生である。国際開発研究の分野で多数の著作・受賞歴がある佐藤先生は、私にとって雲の上の存在であるが、研究室が隣であるというありがたいご縁から、親しくさせていただいている。その佐藤先生が「一般書を書いてみたら？」という助言と共に紹介してくださったのが、ＮＨＫ出版の倉園哲さんだった。倉園さんとは年齢が近いこともあり、ただの飲み友達になってしまったのだが、その分、気兼ねなく構成や内容について相談できた。本書が読みやすい文章になっているとすれば、それは倉園さんの徹底的な校正のおかげである。

研究環境にも恵まれているとつくづく思う。東洋文化研究所は「若手に十分な研究時間を与える」という伝統があり、私はその恩恵を存分に受けることができた。また同僚の馬場紀寿先生からはいつも研究上の大きな示唆をいただいている。もう一つの所属先である文化人類学研究室では、「全体ゼミ」という場を通じて、教員・学生の垣根を越えた議論・交流が行われており、多くの刺激をもらっている。本書の構想は、「宗教経営論」(二〇二四年度夏学期)と題した授業において、学生たちとの議論を通じて練り上げることができた。

先述したように、私の研究人生の節目にはNHKが作成した本やドキュメンタリー番組があった。今回、NHK出版から本書を刊行できたことは、多少の恩返しができた気がしてうれしい。高校生の私が、中村先生の本ではなく、本書を読んでいたらどうなっていただろうか。逆に人類学ではなく、仏教学を選んだだろうか。あるいは研究ではなく修行の道を志しただろうか。

このささやかな本が、誰かと仏教をつなぐご縁となることを願って本書を閉じたい。

二〇二五年一月

藏本龍介

藏本龍介（くらもと・りょうすけ）
東京大学東洋文化研究所准教授。1979年生まれ。東京大学教養学部卒業、同大大学院総合文化研究科博士課程単位取得退学。博士（学術）。専門は文化人類学。2006年からミャンマーで出家を含む現地調査を行う。
著書に『世俗を生きる出家者たち——上座仏教徒社会ミャンマーにおける出家生活の民族誌』（法藏館）、*Living with the Vinaya: An Ethnography of Monasticism in Myanmar*（University of Hawaiʻi Press）、編著に『宗教組織の人類学——宗教はいかに世界を想像／創造しているか』（法藏館）など。

NHK BOOKS 1293

仏教を「経営」する
実験寺院のフィールドワーク

2025年2月25日　第1刷発行

著　者　藏本龍介　
発行者　江口貴之
発行所　NHK出版
東京都渋谷区宇田川町10-3　郵便番号150-0042
電話 0570-009-321（問い合わせ）　0570-000-321（注文）
ホームページ　https://www.nhk-book.co.jp
装幀者　水戸部功
印　刷　三秀舎・近代美術
製　本　三森製本所

Printed in Japan　ISBN978-4-14-091293-5 C1315

NHK BOOKS

＊宗教・哲学・思想

仏像［完全版］―心とかたち―　望月信成／佐和隆研／梅原　猛
原始仏教―その思想と生活―　中村　元
がんばれ仏教！―お寺ルネサンスの時代―　上田紀行
目覚めよ仏教！―ダライ・ラマとの対話―　上田紀行
現象学入門　竹田青嗣
哲学とは何か　竹田青嗣
東京から考える―格差・郊外・ナショナリズム―　東　浩紀／北田暁大
ジンメル・つながりの哲学　菅野　仁
科学哲学の冒険―サイエンスの目的と方法をさぐる―　戸田山和久
集中講義！日本の現代思想―ポストモダンとは何だったのか―　仲正昌樹
新版 集中講義！アメリカ現代思想―リベラリズムはどこへ行くのか―　仲正昌樹
哲学ディベート―〈倫理〉を〈論理〉する―　高橋昌一郎
カント 信じるための哲学―「わたし」から「世界」を考える―　石川輝吉
道元の思想―大乗仏教の真髄を読み解く―　頼住光子
詩歌と戦争―白秋と民衆、総力戦への「道」―　中野敏男
ほんとうの構造主義―言語・権力・主体―　出口　顯
「自由」はいかに可能か―社会構想のための哲学―　苫野一徳
イスラームの深層―「遍在する神」とは何か―　鎌田　繁
マルクス思想の核心―21世紀の社会理論のために―　鈴木　直
カント哲学の核心―『プロレゴーメナ』から読み解く―　御子柴善之
戦後「社会科学」の思想―丸山眞男から新保守主義まで―　森　政稔
はじめてのウィトゲンシュタイン　古田徹也
〈普遍性〉をつくる哲学―「幸福」と「自由」をいかに守るか―　岩内章太郎
ハイデガー『存在と時間』を解き明かす　池田　喬
公共哲学入門―自由と複数性のある社会のために―　齋藤純一／谷澤正嗣
ブルーフィルムの哲学―「見てはいけない映画」を見る―　吉川　孝
物語としての旧約聖書―人類史に何をもたらしたのか―　月本昭男
国家はなぜ存在するのか―ヘーゲル「法哲学」入門―　大河内泰樹
哲学と科学［改版］　澤瀉久敬
哲学者たちのワンダーランド［改版］―デカルト・スピノザ・ホッブズ・ライプニッツ―　上野　修

※在庫品切れの際はご容赦下さい。

NHK BOOKS

＊教育・心理・福祉

身体感覚を取り戻す―腰・ハラ文化の再生― 斎藤 孝
子どもに伝えたい〈三つの力〉―生きる力を鍛える― 斎藤 孝
孤独であるためのレッスン 諸富祥彦
内臓が生みだす心 西原克成
母は娘の人生を支配する―なぜ「母殺し」は難しいのか― 斎藤 環
福祉の思想 糸賀一雄
アドラー 人生を生き抜く心理学 岸見一郎
「人間国家」への改革―参加保障型の福祉社会をつくる― 神野直彦

＊社会

嗤う日本の「ナショナリズム」 北田暁大
社会学入門―〈多元化する時代〉をどう捉えるか― 稲葉振一郎
ウェブ社会の思想―〈遍在する私〉をどう生きるか― 鈴木謙介
ウェブ社会のゆくえ―〈多孔化〉した現実のなかで― 鈴木謙介
現代日本の転機―「自由」と「安定」のジレンマ― 高原基彰
希望論―2010年代の文化と社会― 宇野常寛・濱野智史
団地の空間政治学 原 武史
図説 日本のメディア［新版］―伝統メディアはネットでどう変わるか― 藤竹 暁／竹下俊郎
情報社会の情念―クリエイティブの条件を問う― 黒瀬陽平
日本人の行動パターン ルース・ベネディクト
現代日本人の意識構造［第九版］ NHK放送文化研究所 編
争わない社会―「開かれた依存関係」をつくる― 佐藤 仁

※在庫品切れの際はご容赦下さい。

NHK BOOKS

＊文学・古典

＊言語

※在庫品切れの際はご容赦下さい。